JURISTISCHE TEXTE
FÜR VORLESUNGEN UND ÜBUNGEN
HERAUSGEGEBEN VON
FRITZ SCHULZ UND CLAUDIUS FRH. VON SCHWERIN
4

QUELLEN ZUR GESCHICHTE DER EHESCHLIESSUNG

II

AUSGEWÄHLT VON
CLAUDIUS FRH. VON SCHWERIN

VERLAG WALTER DE GRUYTER & CO.
BERLIN UND LEIPZIG
1930

Druck von Walter de Gruyter & Co., Berlin W. 10

Vorwort.

Die in diesem Heft vereinigten Stellen sind dem norwegisch-isländischen Quellenkreis entnommen und sollen zugleich eine Einführung in dessen Sprache, insbesondere auch Rechtssprache, ermöglichen, die mit den bis jetzt vorliegenden Hilfsmitteln nur schwer zu erreichen ist. Im Hinblick auf diesen besonderen Zweck ist ein Wörterbuch beigegeben, an dessen Hand trotz der notwendigen Knappheit ein Übersetzen der Texte möglich sein dürfte.

Literatur ist in den Anmerkungen nur in geringem Umfang angegeben, da der in Betracht kommende Stoff in einigen wenigen Werken geschlossen behandelt ist. Es wird daher im ganzen verwiesen auf *v. Amira*, Nordgermanisches Obligationenrecht II 659 ff.; *Maurer*, Vorlesungen über altnordische Rechtsgeschichte II 482 ff.; *K. Lehmann*, Verlobung und Hochzeit nach den nordgermanischen Rechten (1882); *H. Meyer*, Friedelehe und Mutterrecht, Zeitschr. der Savigny-Stiftung f. Rechtsgeschichte, Germ. Abt. 47 (1927) 198 ff.; *Ficker*, Untersuchungen zur Erbenfolge der ostgermanischen Stämme III 393 ff., VI 1, 1 ff.

Zur Ergänzung des Wörterbuchs können dienen: *Fritzner*, Ordbog over det gamle norske sprog[2] I—III (1886—91) und *Zoëga*, A concise dictionary of Old Icelandic (1910). In die Grammatik führt ein *Noreen*, Abriß der altisländischen Grammatik[3] (1913), eingehender *ders.*, Altisländische und altnorwegische Grammatik[4] (1923) und, mit besonderer Berücksichtigung der Syntax, *Heusler*, Altisländisches Elementarbuch (1913).

Außer der genannten Literatur ist abgekürzt zitiert: *v. Amira*, Grundriß des germanischen Rechts[3] (1913);

Grágás, Konungsbók, hrsg. von V. Finsen (1852); *Grágás*, Staðarholsbók, hersg. von V. Finsen (1879); *Hinschius*, Kirchenrecht der Katholiken und Protestanten I—VI 1; *Hoops*, Reallexikon der germanischen Altertumskunde I—IV (1911—19); *Norges gamle love*, hrsg. von Keyser und Munch I—V (1846—95).

Für die Besorgung der Korrektur schulde ich Frl. Dr. Sinauer herzlichen Dank.

Freiburg i. Br., März 1930.

v. Schwerin.

I. Norwegisches Recht.

1. Gulaþingsbók c. 25.

(NGL. I 16.)

At maðr scal eiga eina eigna kono.

Þat er nu þvi nest, at várr scal hverr eina kono eiga, þa er hann hever mundi keypt oc maldaga. En ef hann kaupir tvær konor mundi, þa scal hann af þeirri kono lata, er hann siðarr tóc oc beœta biscope morcom III oc ganga til skripta oc beœta við Crist. En þat barn, er hann við þeirri kono getr, er hann siðarr tecr, þa scal enskis mannz arf taca nema leysingia sins eins. En ef hann vill eigi af lata þeirri kono, er siðarr toc hann, þa scolo þau bæðe fara or landeign konongs várs oc hava firigort hverium penningi fiar sins [1]). En ef maðr hever ambótt sina við sina kono oc hever inni areneliu æða hveria sem hann hever at meinkono við sina kono, verðr hann at þvi kunnr oc sannr, þa scal hann beœta firir þat aurum XII biscope oc ganga til skripta oc beœta við Crist oc lata af kononne.

2. Gulaþingsbók c. 27.

(NGL. I 16 f.)

Um bruðlaupsgerðir.

Konor scal taca a tiðum, en eigi a utiðum. En ef maðr kaupir kono mundi oc maldaga a utiðum æða a þeim tiðum, er biscop hever kviðiat oss konor at taca, sunnunott æða freanott æða oðensnott æða a þeim nottom, er fostodagr

---

[1]) Vgl. NGL. IV 17 c. 10 (= II 385): þa skall gera þau bæðe utlægh, a konongr ok biskup huærn pænning fear þeira. (Jóns Christenrecht v. 1277.)

er efter of morgon æða heilagt æða gagnfasta [1]), er þriar vikur ero til ionsvoku oc þriar til Mikials messo oc þriar til iola. M. (O.) [2]) oc XIII dagar iola. En ef a þeim dœgrom tecr maðr kono, er nu talda ec, þa scal beœta firi þat aura III biscope. En ef tecr kono i langafostu a vicum þeim IX, er biscop gengr i fostu, oc paschavikan tiunda, þa scal beœta firi þat morcom III biscope.

3. Gulaþingsbók c. 51.

(NGL. I 27 f.)

Kvennagiftir.

Ðat er nu þvi nest, at vér scolom þat vita, hvessug vér scolom konor kaupa með mundi, þess at barn se arfgengt. Þa scal maðr festa með kono þeirri XII aura oreigi mund oc hava við þat vatta oc have hann bruðmenn en hon bruðkonor oc geve henne giof of morgon, er þau hava um nott saman verit, slica sem hann festi við henne, þa er barn þat arfgengt, er alet er siðan. Nu er þat þvi nest, at maðr vill afla ser kvanfangs þess, er meira kemr til, þa scal faðer sialfr festa dottor sina, ef hon er mær, en broðer ef faðer er dauðr. Nu vill faðer eigi gifta dottor sina manne þeim, er fest hafðe hana, þa scal hanom heimstefna [3]), oc gera hanom eindaga til, at hann vill festarkono sina hava. Nu ef hinn vill eigi lata hann hava, þa scal hann krevia út festarkono sinnar oc stemna hanom þing firi rán [4]). Þa eigu þingmenn at dœma hann útlagan [5]). Engu ræðr mær um þat, ef hon flýr hvergi siolf. Hallda ma maðr festarkono firi festarmanne XII manaðe, sa er firi scal raða. Þat ma skilia festarmal, ef horundfall kemr a annattveggia. En ef maðr legst með festarkono sinni, þa scal hann bœta rette ervingia hennar oc ganga at eiga siðan. Eckia scal siolf festa sic oc hava frenda rað við, þa ma hon eigi riuva. En ef eigi er frenda rað við, þa ma hon riuva oc giallda mercr

---

[1]) *Maurer,* Über die norwegisch-isländischen gagnföstur, Münchner Sitz. Ber. 1881. *Taranger,* Der angelsaksiske kirkes indflydelse þaa den norske (1890) 372 ff. [2]) *v. Amira,* Grundriß[3] 101. [3]) *Maurer,* Vorlesungen I 2, 88. [4]) *v. Amira,* OR. II 437. [5]) Über das Verfahren *v. Amira,* Altnorwegisches Vollstreckungsverfahren (1874) 252 f., über útlagr OR. II 128 ff.

III at handsalssliti þeim, er festi hana. Sina festarkono scal hverr hava, ef sa festir, er firi scal raða. En ef maðr festir manne kono, þa er hann scal eigi firi raða, þa scal hann giallda III mercr þeim manne, er þa kono hafðe festa. Nu scolo brœðr raða firi systur sinni, tveir æða fleiri. Þa festir einn þeirra hana manne. Nu vilia hinir riuva, þa scolo þeir luta, hverr firi scal raða. Ef sa lytr, er festi, þa scal hallda, en ellar eigi oc giallde hinn mercr III at handzsalssliti. En ef annattveggia verðr siuct æða sárt, þa scal biða XII manaðe, gera þa annattveggia, lata fram fara þat rað við þau mein, er a ero orðen, æða segia i sundr festum. Nu scal sa eigi þa kono fyrr gifta en XII manaðr se gegner, nema hann vili. Hinn scal oc eigi fyrr taca aðra kono, nema hann vili. Nu vill maðr eigi taca festarkono sina, þa scal stefna hanom heim til at taca oc gera hanom eindaga til. þa scal stefna hanom til þings firi þat, at hann flyr festarkono sina, þa scolo þingmenn gera han utlagan oc heiter hann þa fuðfloge [1]). Sva scal kono gera eindaga, ef hon fester sic manne oc kemr eigi i einðaga at giftazt þeim manne, er hon festi sic. En ef hon vill eigi sœkia eindaga, þa scal stefna henne til þings firi þat, at hon flyr festarmann sinn, oc gera hana utlaga a þingi, oc scal hon fara af lande brott oc heiter hon flannfluga. Sina festarkono scal hverr hallda, ef herr ferr a land várt, ef hanom er boðen med vattom. En ef hann kveðr nei við oc vill eigi hallda festarkono sina, þa segir hann sialfr festum i sundr. Nu verðr festarkona mannz hernumin, þa er hann skylldr at fara efter henne oc leggia mercr III til at leysa hana út, en ervingi þat er auc skal. Nu tecr maðr festarkono mannz oc gengr at eiga oc se þat beggia þeirra rað, þa stefne sa þing, er fyrr hafðe festa þeim, er siðarr fecc. Þa eigu þingmenn at dœma þau utlog bæðe. En ef hon segir eigi sinn vilia til þess, þa skilisc hon við þat.

4. Gulaþingsbók c. 124.

(NGL. I 53 f.)

Hvessu maðr skal sic til arfs fœra.

Nv leikr a tveim tungum, hvárt maðr er arfgengr æða

[1]) Vgl. NGL. IV 6 c. 51.

eigi, stemni þeim til þings, er hanom stendr firi arve. Þa scal hann niota vatta sinna, at hann stemdi hanom þing. Nu scolo þat aðrer vattar bera [1]): »vér varom þar, er moðer hans var mundi keypt« — oc nemna hvar þat var — »oc þar varo bæðe bruðmenn oc bruðkonor oc giof geven su, er við henne var fest, eigi minni en XII aurar, oreigi mundr«. Nu mæla sva vattar veriandans: »þar varom vér, sem þu vart, eigi var mundr gevenn til hennar at logmale«. Auca einum vatt, þa er hinn af sinu male.

5. Gulaþingsbók c. 125.

(NGL. I 54.)

Ef maðr gengr i liose i hvilu kono.

Ef maðr byr vid friðlu sinni XX vetr æða XX vetrum lengr, gengr i liose i hvilu hennar, verðr engi skilnaðr þeirra a þvi mele oc koma þar engar lysingar a aðrar a þeim XX vetrum hinum fystum, þa ero born þeirra arfgeng oc leggia log felag [2]) þeirra.

6. Gulaþingsbók c. 201.

(NGL. I 71.)

Vm rettarfar a festarkono mannz.

Nv a maðr a festarkono sinni, ef maðr liggr með henne, slict sem hann a at leysa hana or hershondom með hvigi mikinn rett, sem ervingi hennar a a henne.

7. Frostuþingsbók III c. 12.

(NGL. I 151.)

Ner fengit skal festarkono uera.

Ef maðr festir ser kono, þa hafe hann fenget hænnar innan þeirra XII manaða nauðsynialaust. En þær eru nauðsyniar, er maðr er siukr eða sar eða værðr hann uetrseta vttan lanz firir uilia sinn oc sanne þeir með eins eiði oc fae hennar siðan innan misseris [3]) nesta, er hann kemr

---

[1]) Zum Zeugnis *Maurer*, Vorlesungen I 2, 210 ff.; V 531. *v. Amira*, OR. II 320 ff. [2]) *Maurer*, Vorlesungen II 645 ff. *v. Amira*, OR. II 812 ff., 886 ff. *Olivecrona*, Om makars giftorätt i bo[5] (1882) 175 ff. [3]) *Hoops*, Reallexikon IV 585.

heim. Sua er oc mællt, at þat skuli vera sektalaust, ef beggia uili er til frestanna, festarmanzsens oc forræðesmanz. En ef hann fær hennar eigi sem nu er skillt, þa seckizt hann uiðr biskup III morcum. En forræðesmaðr kononnar sœke hann til fear sem mællt er i lagum. Sama mal hœfer til forræðes manz, ef hann uelldr frestonom.

8. Frostuþingsbók III c. 13.

(NGL. I 152.)

Ef maðr legzt með festarkono sinni.

En ef maðr legzt með festarkono sinni, þa giallde hann nanasta nið fullrette [1]). En ef faður missir uiðr firir brullaup innan þeirra XII manaða oc er barn getet, þa take barn þat arf faður sins sem moðer vere myndi kœypt. En i engom stað aðrum kœmr maðr til arfs, nema moðer se myndi kœypt eða hann se með lagum i ætt leiddr [2]). En þo at annar festi til þess frillo sina, at með þesso logmale skolu born hans til arfs koma eða frestar brullaupi firir þessar saker, þa stoðar þat ecki þui at huarke skal með þesso arfsuik gera ne brullaup suiuirða.

9. Frostuþingsbók XI c. 1.

(NGL. I 229.)

Ef maðr leypr á brott með festarcono manns, þá scal hann bœta honum fullrétti, er festa hafði innan þeirra XII mánaða, er hann festi hana, nema fyrir þeirra nauðsynia sacir se frestat, er scildar eru í kristnum rétti, oc svá föður hennar oc fullrétti. En ef feðr eða forræðismanni er kent, at hans ráð se til, at hon se á brottu, þá sveri hann lýritareið [3]) eða gialldi slict sem henni scylldi heiman fylgia.

10. Frostuþingsbók XI c. 4.

(NGL. I 230.)

Um gripa lán til heimanferðar.

Gripir þeir allir, er léðir eru til heimanfylgiu oc eru

---

[1]) *Maurer*, Vorlesungen V 174 ff. [2]) *Mathilde Wergeland*, Ættleiding (1890). [3]) Selbdritt geschworener Eid. *v. Amira*, Grundriß³ 272. *Maurer*, Vorlesungen I 2, 232 f.

þeir metnir oc myndir í hendr þeim, er conu fær, þá á hann þá iamnheimila, sem faðir eða móðir léti heiman fylgia. En ef maðr segir, at hann léði eigi til þess þeirra gripa, þá sveri hann einseiði, carl sem cona, en hann sœci til iammycils giptingarmann konnunnar oc kemr þar eigi þriðiungsauci í mót. En ef eckia giptir sic heiman oc lætr meta fé annarra manna í heimanfylgiu sína oc lér hinn til, er átti, þá á hann þat iamnheimillt sem þat, er eckian átti. En ef maðr cvezc eigi til þess hafa lét, þa syni með einseiði, en heimanfylgia hennar því minni.

11. Frostuþingsbók XI c. 9.

(NGL. I 231.)

Ef mey skal gipta þá er fiárhalld hefir bróður síns.

Ef mær hefir fiárhalld[1]) bróður síns, þa se föðorfrændr oc móðorfrændr sveinsins slíct henni til heimanfylgiu af fiárlutum sveinsins, sem þeim sýniz, er hyggnastir eru. En ef þa scill á, þá ráði þeir bauggilldismenn[2]), er arfi þeirra eru næstir, ef þeir hafa vit til. En ef arfi gefr þá söc, þá er hann er fulltiða, at þeir hafi tecit fé á gipting systur hans, þa standi sá fyrir með einseiði, er sú söc cemr á hönd. En ef einnhverr verðr sannr at því, at hann hafi til þess mútu tecit, reiði slíct upp sveininum, sem hann tóc mútuna oc heiti drengr at verri. En umfram ráð þéirra manna, er nú ero til scildir, þá scal hon eigi eiga cost meira at taca ser til heimanfylgiu. En ef hon tecr annan veg, en nú er scilt, þá halldi þvi at eins, at bróðir hennar vili, þegar hann verðr fulltiða.

12. Frostuþingsbók XI c. 16.

(NGL. I 233.)

Eigi kemr þriðiungsauki[3]) móti úheimilli heimanfylgiu.

Hverr giptingarmaðr, er réttr er at cono, láti allt vera heimillt í heimanfylgiu, en allt þat, er sœcia scal at lögsócnum, þá scal eigi þriðiungsauci coma mót þvi.

---

[1]) *v. Amira*, OR. II 873 f. *Rive*, Geschichte der deutschen Vormundschaft I 30 ff. [2]) *Maurer*, Vorlesungen III 41 ff. *v. Amira*, OR. II 97 f. [3]) *v. Amira*, OR. II 655 f. *Ficker*, Erbenfolge IV 440 f.

13. Frostuþingsbók XI c. 17.

(NGL. I 233.)

Siálf skal úrækt kona fyrir ráða.

Ef frændr vilia eigi gefa gaum at þeim conum, er þeir eigu fyrir at hyggia, oc fá þær siálfar ser atvinnu, þær sculu ráða svá sínu ráði, sem þær vilia. En þar scal eigi frændr engan rétt á því eiga, nema hon liggi með manne. þa scal nánasti niðr taca rétt á henni, hvárt sem hann er í bauggilldi eða nefgilldi [1]). En ef II ero iamnánir conunni at frændsemi eða fleiri, aðrir í bauggilldi en aðrir í nefgilldi, taci allir einn rétt oc scipti at manntali oc at mannmergð sin ámeðal at iamnaði. En ef sunr er at fyrsta barni, þa scal hann ecki í fyrsta rétti oc sæti þeim, er siðan verða. En sá heimti rétt til handa barninu, er nánastr er í nefgilldi, ef af feðr barnsins er at heimta. En ef af öðrum er at heimta, þa heimti faðir barnsins barninu til handa oc hirði til þess, er þat er fulltiða. En ef barnit andaz, hafi sá réttinn er helldr.

14. Frostuþingsbók XI c. 18.

(NGL. I 234.)

Um mey þá, er manns arfi verðr.

Mær sú, er arfi verðr, hverskis arfi, er hon verðr, hon má gipta sic siálf þeim, er hon vill, þa er hon er XV vetra gömul með þeirra frænda ráði, er nánastir ero oc vitrastir, bæði í bauggilldi oc í nefgilldi.

15. Borgarþings kristindóms bǫlkr I c. 7.

(NGL. I 343 [2]).)

Vm brulaups tima retta.

Nv fær þæt alt saman kiotaat [3]) oc kuenna giftir. Skal ængi maðr fa ser kono siðan IX vikur ero till pascha, nema

---

[1]) Vgl. Nr. 11. [2]) Vgl. Borg. II 5, III 5 und Text von II in NGL. IV 66 ff. [3]) Über die Speiseverbote *Taranger* a. a. O. 390 ff. Handwörterbuch d. deutschen Aberglaubens II 1606 ff.

bœta vili morkum III firer[1]). En ef han fær kono, siðan VI[2]) vikur ero til pascha þa hæfir han firergort fe oc friði. Engi maðr skal fa kono, siðan III uikur ero till Jonsuaku. Engi skal oc siðan fa, en III vikur ero til michielsmesso, oc engi siðan III vikur ero till jola. Ef han fær æinahueria þessa tið, þa er han sækr III morkum við biskup. En ef maðr fær kono sunnudagh at kuældi, þætt er fangstið reet. Manadagh at quældi, fangstið rett. Maðr fær ser kono tysdagh at kuældi, sæckr III aurum. Oðensdagh at kuældi, fangstið reet. Þorsdagh at kuældi, ef maðr fær ser kono, þa skall han bœta morkum III firer. Freadagh at kvældi, fangstið reet. Laughardagh at kuældi, ef maðr fær þa kono, þa skall han bœta morkum III firer. Maðr fær kono vm imbrudaga, sæckr III morkum. Maðr fær kono messonettr eða fastu, nema kennemenn love, bœte sem daghriki er till.

16. Borgarþings kristindóms bǫlkr II c. 3.

(NGL. IV 68.)

Vm kuenagifting.

Nu fær alt saman kiot ok kuennagifting[3]). Nu fær madr ser radafar at biðia, þa skal han sœkia þan at raðafare, en hennar er ærfingi. Madr skal skila þing firir frendkono sinni ok firir hæimanfylgiu. þæir skulu i hendr takaz oc næfna hena a nafni. »Ek fæsti mer mœyi þessa til kono at logfullu med hæimanfylgiu þæiri, sæm nu er told.« Skirskote þui vndir vatta, þa er a hœyra. Sa a vold, er fæsta hefir, at læggia abyrgdir þæira saman[4]). þat skal handsælia ok skirskota þui vndir vatta, þat ma madr ængi riufu nema med III lutum. Þat er æit, ef annathuart fær vitfiring eda harundfall eda brotfall. Þat þæira vældr e ... af ... huart þat raðafar skal haldaz eda riufaz heldr. Ekkia, er forrædismen gifta til bus, hon a siolf forræde sin at giftaz þæim manne, er hon vil, at hinum sama rette, sæm nu er taldr. Sva er, ef hon er faður arfi, hon a siolf forræde sin ok hafa vid þæira manna rad, er hon vil firir hafa. En ef faður-

---

[1]) Über die geschlossenen Zeiten *Scherer*, Handbuch des Kirchenrechts II 399 f. [2]) VII in NGL. IV 69. [3]) Der erste Satz gehört nicht zum Folgenden. Vgl. Nr. 15. [4]) *v. Amira*, OR. II 52.

frændr gifta hana manne eda faðurbrœdr ok hafa hana ser at fekaupum, hin iatar þi, en fæsta skal, ganga þar fulmæle við þan, en redr firi. Hældz til þæss, en hon er gift, þa ma hon fa þæim, en hon vil, vmbod sitt at sœkia vt faðurarf hennar allan vskærdan. En hin hæitir madr hæimskare, en þat kaup gerde. En kona su, er liggr med manni a laununghu, hon hæitir horreckia, þui at hon a æigi foræde sin, fyr en frændr hafa gift hena hæiman at vilia sinum.

17. Borgarþings kristindóms bǫlkr III c. 4.

(NGL. I 365.)

Vm bæssa logh þau er han gerde.

Um radafar þer, sem abyrgdir manna ero soman komnar [1]), oc vill maðr þet riufua, þa gerde bæssi [2]) þer logh till oc þau hafa æ veret sidan. Ef maðr vill æigi kono hafua, þa er han hefuer fæsta, ræidi henne sua mykit fe, sem han hafde iatt mott henne oc sua mykit fe, sem henne skylldi hæiman fylgia. En ef kona vill æigi malom hallda vid man eda forrædessmenn hennar, bœte slikum rette, sem adær skylldi hon tacka, oc er þa i sialfsaght i sundr radafare. En ef æigi komo abyrgdir manna soman, þa skall sa, er riufua vill, bœta III morkum. þet er þa, sem vmælt se oc hæitir handsalsrof.

18. Eiðsivaþings kristindóms bǫlkr I c. 22 (Auszug).

(NGL. I 382.)

En sa er rettr hiunskapr oc mæð retto saman komen, er huarke er a syfskaper ne frenndsæmi, en talt er i lagum uarom. En ef maðr uill ser kuænfangs læita, þa skal han raðs læita uið frenðr þæirar, er skylldazster ero til forræða at lagum rettom. En þui nest skal han læita hænnar uilia. Nu læggia þæir stæfnu til ok kœmr hann til þæírar fæstingarstæfnu, þa skal taka II menn, þa sem uiliaster ero a þæim fyndi, annan af sinu stæfnuliði, en annan af frendom hænnar oc sænda til hænnar oc hœyra, huart hon kueðr næi uið þui raðe eða ia. En ef hon kueðr ia uiðr eða þægir, þa ma

---

[1]) S. Nr. 16. [2]) Über Bessi vgl. *Maurer*, Das Alter des Gesetzsprecheramtes in Norwegen 30.

hiunskapr bindazst bæðe at guðs lagum oc manna. En ef hann uærðr bunndin, þa ma hann alldri riufa meðan þau lifa bæðe. En ef hon sægir næi uið honum, þa ma þann hiunskap æigi at lagum saman binnda.

19. Christenrecht König Sverrirs c. 69.

(NGL. I 428.)

En ef maðr a ser frillu oc fær han a fra henne oc hæfir han laght firer hana vistir sua, at hon þarf æigi annara fanga hældr en æigin kona hans, oc hæfir haft hana með ser til oldrs oc till atz oc buit sæs hans oc seng, oc glæpr maðr hana fra honom, þa skal slikan reet a henne taka sem a skyld kono sinni. En ef han hæfir æigi sua gort, þa er hon æigi hans hælldr en hins.

20. Bjarkeyjar réttr c. 129.

(NGL. I 327.)

Ef maðr tekr birgiskonu ser ok hefir vátta tvá viðr ok gengr í liósi í hvílu hennar, þar á konungr öngvan rétt á, en frændr eigu rétt á. Nu ef hann líggr með henni í annat sinn, þá skal hann bœta syni sínum slíkan rétt sem áðr bœtti hann frændum hennar. En ef annarr maðr liggr með birgiskonu hans, þá skal sá bœta honum XII aurum at rétti sínum.

21. Bjarkeyjar réttr c. 132.

(NGL. I 327.)

Ef maðr skal láta ser vitni bera til arfs, þá skal svá bera láta, at móðir hans var mundi keypt ok þar váru brúðmenn II ok bruðkonur II ok þar var innkeyptr askr öldr eða meira ok þar var griðmaðr ok griðkona, þa er at lögum gert ok at Biarkeyiarrétti réttum.

22. Neueres Landrecht V c. 1.

(NGL. II 74.)

Faðer oc moðer skolu raða giptingum dœtra sinna, ef þau eru til. En ef þeirra missir uiðr, þa skolu faðurfrendr oc moðorfrendr hinir nanastu giptingum raða. En giptingarmaðr skal skilia heimanfylgiu oc tilgiof firir frendkono sinni sua, sem þeim kemr a samt. Þa skolu þeir oc eindaga, ner brullaup skal vera. En ef þa skil a vm maldaga, þa late festarmaðr bæra II manna uitni vm heimanfylgiu, huat mælt uar, þeir er hia uaru. En ef þa skil a vm tilgiof, þa niote giptingarmaðr II uatta með hinu fyrra skilorðe. Eigi skal oc i klæðum meira heiman gefazt með kono en þriðiungr. En þat, sem giptingarmaðr gefr meira, þat skal vera i þeim lutum, at þat megi uera þeim til þarfa, er kono fær eða til auinings. En enga heimanfylgiu ma arfe giptingarmannz riufa, þa er sua er gor, sem nu er mælt. En ef dœttr uerða faður sins arfar eða moðor eða broðor, huerskins arfar sem þær uerða, sumar giptar en sumar ogiptar eru, þa skolu þær, er ogiptar eru, taka sua mikit af oskiptum arfe sem þær, er mest hafðu heimann, oc þo at allar se heiman giptar oc er eigi skipt heimanfylgiu þeirra til iamfnaðar með þeim, þa take þær af oskiptum arfe iammikit sem su, er mest hafðe i heimanfylgiu æ meðan fe uinzt til. Gripir þeir aller, er leðer eru til heimanfylgiu oc eru þeir metnir oc myndir i hendr þeim, er kono fær, þa a hann þa iamheimola, sem faðer oc moðer lete heiman fylgia. En ef maðr segir, at hann leðe eigi til þess þa gripi, þa sueri hann einseiði firir, sua karll sem kona, en soeke siðan til iammikils gripar giptingarmann kononnar oc skerði þat tilgiof hennar eptir rettre tiltalu.

23. Neueres Landrecht V c. 2.

(NGL. II 75.)

En ef kona giptizt vttan frenda raðz.

En ef kona giptizt vttan raðs faður sins eða broðor eða moðor eða þess, er giptingarmaðr er firir raðe hennar, hafe firirgort orfum allum þeim, er undir hana kunnu at falla þædan i fra, oc take sa þann arf, er erfðom er nestr sua sem su kona være eigi til þess arfs komin, nema giptingarmaðr uili firra hana iamræðe, þa ma hon giptazt með skynsamra frenda sinna raðe, ef þeim lizt iamræðe eða bætr, oc megi þeir þat með eiði sinum sanna oc a þo at leita þessa uiðr giptingarmann. En ef giptingarmaðr er faðer eða broðer samfæddr, þar nest moðer skilfengin, ef hon er eigi til, þa kallmaðr XX uetra gamall eða ellri sa, er nestr er erfðum eptir þa kono, er giptizt. En sa er sliks dirfizt, giallde fullrette giptingarmanni eptir XII manna dome nema aðrum frendum uirðizt iamræðe, sem fyr segir. Ekkia ma siolf gipta sik huerium, sem hon uil, með nokors frenda sins raðe. En konor þær, er liazt til þess, at locka til sliks eða annars saurlifis born manna eða frendkonor oc uerðr þat uitnisfast, þa bœte eptir XII manna dome peningum su, er peninga hefir til, en hin hafe refsing eptir dome. Mær su, er arfe uerðr, huerskyns arfe er hon uerðr, hon ma gipta sik siolf þeim, er hon uil, þa er hon er XV uetra gomul með frenda sinna raðe þo þeirra, sem nanaster eru bæðe i faðurætt oc moðorætt. Engi mær skal hafa forræðe fear sins fyr, en hon er XX vetra gomul, þo at undir hana hafe borit, nema hon se gipt með frenda sinna raðe oc a þa sa, er fær, bæðe forræðe a henne oc a peningum hennar. En huer, er giptingarmaðr er rettr at kono, late allt heimollt vera i heimanfylgiu. En allt þat, er sœkia skal at logsoknum þa skal engi tilgiof mote koma. En ef eckia giptir sik heiman oc lætr hon mæta fe annara manna i heimanfylgiu sina oc ler hinn til, er atte, þa a hann þat iamheimollt, sem hitt, er eckian atte. En ef maðr kuezt eigi til þess let hafa, þa syni með einseiði, oc er heimanfylgia hennar þui minni.

24. Neueres Borgarthings-Christenrecht c. 15 (Auszug).

(NGL. II 299.)

Vm hionskap rettan.

Nu er þat fyrst i hionskaps malom, at madr bidr ser mœyiar þæirar eda kona, er æighi ero mæinbughir[1]) a oc mæle þessi ord þa er han fæstir mœy æda kono eða onnur ord þuilik oc taki i hond hænnar ok tali sua. »Ek fæsti þik mer.« — ok næfni hana a nafn —, »mer til æighinnar kono at guds loughum oc godra manna samþyct oc ært þu min fæstarkona hædan af.« Hœyra skulu ok godir men iayrdi kono eda mœyiar þæirar, er fæst værdr oc skilord þess, er fæstir, firir þui at þat er firirbodit af guds halfo at nockor madr fæsti ser kono æda mœy naudgha. þæiri fæstingrætlan skal madr lysa oc præstr at kirkium III sunu-

1) *Maurer*, Vorlesungen II 550 ff.

dagha firir fæstingh [1]). Finnazt nockorir þæir men, at þar viti mæinbughi a, þa skulu þæir til sæighia fyr en brudlaup geriz. Seighia þæir æighi fyr till meinbugha en æptir fæsting, þa skall ængi þar vm lyda, nema þæir hafi sua fiarri værit, at þau tidændi hafa æighi til þæira komit.

25. Neueres Borgarthings-Christenrecht c. 16.

(NGL. II 300.)

Vm fæstarkono born.

Vm fæstarkono born, er gætin ero firir brudlaup, þa ero þat guds logh vm oll lond, þau sem kristin ero, þæghar madr fæstir ser kono at guds loghum ok godra manna samþykt oc bæggia þæira, þa skulu þau born oll arfgængh uera, er sidan getr han med þæiri kono, þo at æighi se brudlaup gortt. þau skulu hælgha born sin til arfs vid sik oc allz iamnsrettar, er adr varo gætin med þæiri kono, er han fæsti ser. En þo at dottir se getin æptir fæsting, en synir firir, þa hælgar hon brœdr sina til arfs oc jamns skiptis vid sik. En madr skall gortt hafa brudlaup sitt innan XII manada eptir fæsting naudsynialaust. En byscup æda hans armadr geri honom stæfno til brudlaupsgærdar. En ef han gerir æighi, bœti byscupi XII aura a huærium XII manadom, þar till er han gerir brudlaup sitt. En ængi er skylldugr at gera brudlaup sitt med mæirum kostnadi, en han er fangadr till æda sialfuer vill hann.

26. Neueres Borgarthings-Christenrecht c. 25.

(NGL. II 304.)

Huerso kono skall fæsta.

Nv ef madr bidr ser mœyiar, þa skall sœkia þan at radafare, er ærfingi hænnar er. Madr skall skilia þing med frændkono sinni oc sua hæimanfylgiu. þau skulu i hændr takaz oc næfna hana a nafn, huart sem er mær æda kona, oc sæghia sua. »Ek fæsti þik at logfullu æptir þui, sem adr er skillt, oc med þæiri hæimanfylghiu, er nu er tolld, oc skirskota ek þui vndir vatta, þa er a hœyra.« Nu ef sa vill sœkia radafaramen, er kono hæfir fæsta, þa skall han

[1]) Vgl. Nr. 29, 30.

fara till husa fodur hænnar æda forrædismanna hænnar oc hafa med ser II vatta oc gera honum til manadastæfno, at han se buin at sæilia radafe i hændr honum oc heimanfylghiu alla, oc skirskoti þui vndir vatta, þa er vid ero staddir oc er þat hin fyrsti malsalldr. Þat skall koma a manada deigi huærium, en hin œfsta med brudmen oc brudkonor, ef hinn er buin at sæilia radafar i hændr honum. Þa skal fadir þing skilia firir dottur sinni. Hin skal oc sægia ia vid, ef þeim kœmr a samt. En ef þæim skil a, hvær þing skilld ero med kono, þa skal giptinghrmadr kono læida fram II manna vitni sin, þa hæfir han sitt mal til sanz komit. En ef þa skill a vm hæimanfylghiu, þa skall bruðgume lata II manna vithni huærsu myckil hæimanfylghia var mælt med þæiri kono, en ef giftingrvæd kono var skillt i iardu, þa skall tryggua a giftingarkueldi, þui at æighi værdr logfullt, nema tryggat se. En ef madr lætr jord hæiman fylghia dottor sinni eda systur, þa iord þarf æi at skœyta [1]), nema vili. nu ero þæir sattir at hæimanfylgd oc sua at fælagsgiærd, þat skall þa handsæilia oc skirskota vndir vatta, þa sem inni ero, oc hæita þat allt giptingrvattar. Þa skal han sitia millum brudmanna, en hon millum brudkuenna. Han skal ganga ifir golf þuert oc gefa henni linfæ. þat er logfullt, huart sem giof er mæiri æda minni. En born þau oll ero arfgeng, er þau gæta, sidan er þau stiga bædi i eina sængh oc þau læiggia logfælagh saman.

27. Jons Christenrecht c. 40 (Auszug).

(NGL. II 367.)

Vm hiuskaps band oc lysing a þui er maðr fæstir ser kono.

En huær sem seer uill kuenfangs læita, þa skall með athyggiu oc goðre forsio biðia seer þæirrar mœyar eða kono, er eighi se mæinbughir [2]) a, oc ef giptingarmanne semer þat raað uið þan, er biðr, pa skall han taka uatta tua með ser af hins hende, er fa uill, oc gera honum kunnighan þan mann, er biðr, oc fretta att, ef honn uili fylgia þui vmræðe, er sa læggr firir hona, er þa a foræðe hennar att loghum. Oc ef honn iattar þui, þa se nemfðr uattar uið oc þæs i millum se ræflat at æingi finnizst mæinbughir a oc lyst i kirkiu

---

[1]) *v. Amira*, OR. II 624 ff. [2]) S. Nr. 24.

sem siðar seghir oc er þa væll, ef sua er gort. En ef þæim synyzst braðare at raða oc frammare att at gera fyr en lyst er, þa er lofat at handsælia, ef uill a þessa lund: »þat felst undir handsale okkro, att mit sculum hiunskap saman tængia at guðs loghum oc hæilaghra fæðra setningh« oc ef sua er gort, þa ero þetta rethlegh fæstarmall, hæit oc uphaf till hiunskapsbandz, en sumir kalla handfestingh, oc er nu nauðzynleght at lysa, fyr en annan vægh se fæst. Nu ef ængi finnazst meinnbughir a, siðan lyst er oc randzakat, þa skall sa halda i hond mœyar eða kono, sem ser skall festa oc mæle þessor orð [1]: »þat felst vndir handsale ockro, at ek fæstir þik mær N. till æignarkono at guðs loghum oc hæilagra fæðra setningh« eða sua: »Ek tæk þik mer till æighinnar kono eftir guðs loghum« eða þuilikom orðom, er byrta nalegha samþycth. En þessor fæstingh er ei at æins fæstarmall hældr bundin hiunskapr sua stæirklega, at þo at annar fæsti hona siðan með somum orðum oc gere bruðlavp till með fullkomnað likamslosta oc þo at han hafe sua annarar fyr fengit, þa uærða huartvæggia þessor sundr sæghiazst, en hit a at haldazt at guðs loghum er fyr uar sagt mæinbughalausth. Hœyra skulu oc goðr menn iayrði kono þæirrar eða mœyar, sem fæsth væðr, oc orð þæs, er festir firi þui, at þat er forboðat af guðs holfu, at nokor maðr fæsti mœy eða kono nauðga. En ef su, er sua er fæst, læggr samþycth sina oc iayrði i foðurgarð oc hans uald eða annars giptingarmanz oc seghir sua: »þetta skall gort vera ef faðr minn uill« eða sa maðr er honn nemfnir till, þa a þat samband ecki at haldazst, fyr en sa iattar, en honn heuir sit rað i uald gefet oc sua þo at með somum orðom oc samþyct nalegs tima værða bornn VII vettra gomull saman bundin, þa er þat fæstarmall, en æighi bundin hiunskapr, nema þav samþycki sua, siðan en honn er XII vættra, en han XIV, þa ma þan hiunskap æigi skilia, nema þui at æins, at annathuart þæirra gange i klaustr oc þione þar æuelegha guði oc ma þat þa, sem eftir er i veroldenne, læita ser forræða, ef likar. En ef þav hafa saman komet att likamslosta, þa megho þav eighi skiliazst.

[1]) S. Nr. 53.

28. Jons Christenrecht c. 41.

(NGL. II 369.)

Vm brullaupsgœrð.

Fængin se fæst kona oc bruðlaup till gort innan XII monaða nauðzynialaust. En þær ero nauðzyniar, ef maðr er siukr eða saar eða værðr han vetrsete vttan landz firir vilia sin oc sanne þat æinæidi oc fæ hennar siðan innan nesta misseris, er han kœmr hæim. En ef han færr hænnar eigi sem nu er skilt, þa seckizst han uið byscup XII aurum, en gialde nanasta fulrette, ef han lægst með henne firir bruðlaup, nema hon hafe frestom voldet. En prestar skulu gera soknarmonnum sinum stæmfnur till bruðlaupsgerðar, oc skall þo gera bruðlaup, at af blondu gere. En ængi skyldyzst till at gera bruðlaup sit með mæirum kostnaðe, en han þickizst for till. En firir bruðlaup skulu þau till kirkiu fara oc lata pusa sik oc taka með goðfysi oc litilæte hatiðlegha blæðzan af preste, sem fyr hafa æi bæðe eða annat huart pusat verit eða blæðzat [1]).

29. Statut Erzbischofs Jörund von Nidaros

vom 29. VIII. 1290 (Auszug).

(Diplomatarium Islandicum II 277.)

Skylldir eru prestar, huerr j sinni sokn [2]), at lysa opinberliga j kirkju þria helga daga aðr þar werði nockut hionaligt samband, sua at innan þess tima megi þeir, sem vilia ok til hafa, logligt impedimentum motisetia, ok at sialfir prestarnir reikni eptir aa meðan, ef nockur taalman megi her vpp a finnaz, ok ef þat er til, þa skulu þeir, sem hiuskap vilia saman binda, biða þar til er firir kirkiunnar domara er þetta maal með ollu afreitt aa annanhuarn hátt. En ef ecki finnz impedimentum, mega þau frialsliga saman binda eptir lysingar. En þeir, er j moti þessari skipan gera launfestar, skulu pinaz eptir makligleikum. Werda þeirra born getin j þuiliku sambandi vloglig til allra klerkligra stetta, en prestar þeir, sem æigi firirbioða þuilikan samgang eða lysa æigi eptir akueðnu eða waraz æigi hia at wera þess háttar

---

[1]) 3 X 4. 21. [2]) *Maurer*, Vorlesungen I 1, 73.

bruðkaupum, skulu missa sitt officium[1]) vm þriu aar ok mega þo framarr pinaz eptir tilfellum

30. Statut Erzbischofs Paul v. Nidaros a. 1336 oder 1346 (Auszug).

(NGL. III 292.)

I nampne guðz amen. Se þet ollum monnum kunnykt, at maðr þen N. etlar at leita ser logligs hiunscapsbandz viðr þa mœy eða konu eptir guðz loghum oc heilagrar kirkiu. En ef þeir ero nakore men, sem vitha þer einhueria meinbugi a vera, at þet hiunscapsband ma ey með loghum þeirra millum bindazt, hafue þet upp borit oc logliga teet firir kirkiu domarum innan so marga dagha. Gifui þet Jhesus Christus þesso goðu folke so saman binda, fulkompna, framhalda oc þen enda, at þet snuiz guði till heiðirs oc æro, sialfuum þeim till gagns oc nytsemdar, vinum oc frendum till glæði oc hugganar.

31. Trauungsformel.

(NGL. II 72 Anm. 24.)

Vm fæsting. »Guð se uattr min en þer eroð næfndir uattar, at ek N. logfæstir mer N. mæð þæim maldaga, sem nu uar upp tindr firir vattom. At guðs lagum oc manna skalt þu væra min kona ægin, en ek þinn æginn bonnde meðan uit lifum bæde mæð allu loglego sambannde ockars hiunskaps.«

II. Isländisches Recht.

32. Grágás (Konungsbók) Kristinna laga þáttr c. 10.

(I a 27.)

Brvðmen eigv at bera klyfiar lavgardag, vnz söl er skafthá[2]). Bvandi er skylldr at ala þa með v man, ef brvðgvmi er i for eþa brvþr, enn með III man elligar[3]). Utlagr er bvandi ef hann syniar þeim vistar.

---

[1]) Suspension. *Hinschius*, Kirchenrecht IV 731 ff. [2]) *v. Amira*, OR. II 538. [3]) *v. Amira* ebda. 933 f.

33. Grágás (Konungsbók) Arfaþáttr c. 118 (Auszug).

(I a 222.)

Sa maðr er eigi arfgengr, er moðir hans er eigi munde keypt morc eþa meira fe eða eigi brullavp til gert eþa eigi fostnoð. þa er kona munde keypt, er morc VI alna avra[1]) er goldin at munde eþa handsoloð eða meira fe ella. Þa er brullavp gert at lögom, ef lögraðande fastnar kono enda se VI menn at brullavpi et fæsta oc gangi bruðgumi i (liose) i sama sæing cono.

34. Grágás (Konungsbók) Festaþáttr c. 144 (Auszug).

(1 b 29.)

Sonr XVI vetra gamall eþa ellre er fastnandi moþor sinar, frialsborin oc arfgengr oc sva hygin, at hann kuni fyrir erfð at raða. En ef eigi er sonr, þa er dóttir su, er gipt er, oc a þa bönde hennar at fastna magkono sína. En þa er faþir fastnande dottor sinar. En þa scal broþir samfeðri fastna systor sina. En ef eigi er bróþir, þa scal fastna moðir dóttor sina. þar at eins fastnar kona kono. Nu er eigi moþir, þa á sa maðr, er a systor hennar samfeðra. Þa á broþir sammøðri at fastna systor sina. þa a sá maðr, er a systor hennar sammøðra. En þa scal fastna in nanasti niðr karlmanna arfgengra oc samlendra, nema konor se þær nanare, er bœndr eigi, þa eigo bóendr þeirra. Þar er eckia er fastnoð manne, þa scal hennar rað fylgia, nema faþir fastne, þa scal hann raða. Ef fleire menn ero til raðana, þa scal sa raða, er ellztr er broðrana. En ef þa scilr á, þa scal sa raða, er hennar raðe fylgir. En ef þeir vilia duelia rað fyrir henne oc synia þeir II monnom þeim, er iafnræðe þotte, þa scal hon raða við in þriðia, ef þat þickir oc iafnræðe við rað frænda sins nokors. Eckia á fastnastz siálf manne þeim, er hana atte fyr, þott eigi se rað lograðanda til, ef meinalavst er með þeim, nema þvi at eins, at þav væri scilit fyrir omaga sacir.

---

[1]) *Sex alna eyrir* = Unze im gesetzlichen Wert von sechs Ellen bestimmten Tuches. 8 Unzen = eine Mark. *Paul*, Grundriß d. germ. Philologie III² 474 f.

35. Grágás (Konungsbók) Festaþáttr c. 144 (Auszug).

(I b 31 ff.)

En ef sa maðr verðr siúcr, er kona er fostnoð, þa scal hann orð gera hálfom manaðe fyrr þeim manne, er fastnat hefir konona, at hann mun eigi til eiginorðz coma fyrir velendes söcom oc eigi þarf þa cono heim at føra, þo at þat se mælt, oc segia, hvat at söcom er. Þa scal eigi brullavp vera, fyr en at iafnlengð, nema sa vili fyr lata vera, er konc scal taca oc scal hann þa orð gera halfom manaðe fyr eða meira méle oc scal hann þa sitt fe eitt til leggia. En ef honom bøtiz eigi a XII manaðom enom næstom, þa scolo lavsar vera festar, nema þeir vili hvarirtvegio anat. Ef maðr fastnar ser kono, þa scolo festar haldaz sva lengi, sem a var queþit. Enn at liðini þeirre stefno, er a var queþit, ef sa orøkiz við at gera brullavp til kono, er ser fastnaði hana, þa segia lavg lavsar festar oc er eigi honom su kona heimilli, en þa at hon væri honom eigi föstnoð. Ef eigi er a queðit a brullavpsstefno eða hue langar festar scolo vera, þa hallda þær XII manaðr þaðan fra, er kona var fostnoð oc eigi lengr. En ef hon verðr siúc, þa scal sa gera orð, er fastnaða hefir konona, at hon er siúc. En hin scal raða, hvart hann vill ganga i sama sæing könoni eða eigi. En ef þa tacaz raðin eigi, scal hin raða er ine scal hafa brullavpit, hvart tacaz scolo fyrir iafnlengð eða eigi, oc gera orð hinom a hálfom manaði fyrr. En ef henne bøtiz eigi fyrir iafnlengð, þa ero oc lavsar festar, nema hann vile lengr biða. En ef sacir coma a hendr honom eða henne, þær er hann er eigi öll, þa scal þat fyrir raðom standa. En ef sectarsacir þær coma a hendr honom, er fe hans a secþ at döma, ef hann verðr sanr at, eða þær, er hann a vígt um fyrir alþingi, þa a hin cost, hvart hann vill hætta til hallzens eða eigi. Þa verðr rett halldit conone, ef hann verðr saðr at söc. En ef hon verðr logen, þa verðr eigi rétt halldit konone. Ef frændsemi finz, þa scal sa, er fastnaðe, eða fastnandin gøra til hins oc telia frændsemi oc legia undir þegnscaþ sin sem at domi. En siþan scal segia i sundr festom. En ef sa ifaz raða, er ser hefir cono festa oc varðar eigi við lög, en mund scal heimta sva, sem mæltr var, oc með þeim maldogom, sem mælt var at festom, ef hann scylde af hende leysa.

En hann a cost at stefna at heimile þess, er sóttr er, eða þar, er stefnostaðr er réttr um allan mund saman, enda er costr at stefna þar, er brullavp var mælt oc vm allan mundin saman in næsta dag rumhælgan þvi, er rað scylldo tacaz, oc scal søkia við festavattorð, en domr scal doma gialldaga sva, sem vættiþ ber maldaga til. En ef sa maðr ivaz raða, er konona hefir fastnaða, þa scal hin fara þangat þan dag, er brullavp var mælt, oc beiða kononar oc vistar, ef hann nair eigi ella. En þan dag, er næstr er rumheilagr, scal hann fara þangat oc veria lyrite inehöfn hennar eða luca hurð oc hiára vm hana oc er honom rétt, at stefna vm heimanfylgio þa, er þa scylde framkoma, oc sva vm fe þat, er hin scyllde til brullavps legia. Rétt er at heimta heimanfylgio með slícom maldaga öllom, sem aðr var tínt vm mundin, ef hann þyrpti at heimta. Rett er at stefna honom oc þar þan dag, er næstr er rumheilagr, a þeim bólstað, er brullavpit scyllde vera vm þat, er hann hefir konvne halldit, oc rétt er, at stefna sva, at hann heyre sialfr, eða ella at heimile hans, oc lata fiorbavgsgarð [1]) varða, oc sva varðar öllom þeim, er a heyra oc samvistom ero við hana, siþan at han verr lyrite inehöfn kononar, oc sva þeim, er fregna, er samvistom ero við hana. þeim monnom ollom varðar fiorbavgsgarð er fira hann festarkono sinni, hvart sem þeir gera þat i raðom eða i oðrom lutom. Scal quedia IX bva [2]) til a þingi fra heimile þess, er sottr er. Ef aðrir menn standa fyrir raðonom en fastnanden, oc varðar þeim fiorbavgsgarð við hvarntuegia þann, er fastnandinn var, oc þan, er ser fastnaðe, oc er stefnostaðr réttr við þa alla, er standa fyrir raðonom i þeim stað, sem brullavp var ættat. Þar scal queðia IX heimilisbva til a þingi þess, er sottr er. En of samvistor cononar scal queðia XII quiðar þar til. Sa er sotr er, scal queðia ser biargquiðar V heimilisbva sina, at hann vissi eigi, at hann væri i sama huse cono þeirre, siþan er lyrite var varet inehöfn hennar, eða þess anars, at hann visse eigi at lyrite var varet inihofn hennar. En ef sa maðr fastnar cono, er eigi er lögraðande, þa vardar hinom ecci, er lograðande er, þo at

---

[1]) *v. Amira,* OR. II 115 ff. [2]) Über die Nachbargeschworenen *Maurer,* Vorlesungen V 561 ff., über die Jury überhaupt *v. Amira,* Grundriß³ 279 f.

han rene raðeno oc sua oðrom monnom. En ef maðr gengr kono þa at eiga, er eigi hefir lograðanðe fastnað, þa a lögraðandin at stefna honom oc lata varða fiorbavgsgarð oc telia rett or fe hans. Hinom varðar fiorbavgsgarð við lograðanda, er fastnaðe. Sa maðr, er konona hefir tecna, scal queðia eða beiða ser biargquiðar, at hann hygðe, at sa væri lögraðande, er honom fastnaðe. þviat eins bergr honom þat, ef hann vissi eigi þan, er lögraðandin var, enda varðar fiorbavgsgarð þa við hann, þeim er fastnaðe. En scalat[1]) hann lögvillr verða, sva at honom halde þat uppi. Ef þat ber quiðr, þa er hann varðr sökine, en han scal þo rettin giallda þeim, er festar átte, nema conan hafe sic sialf fastnat, þa bergsc hann eigi við biargquiþen, oc scal þa søkia sem um legorðzsacir aðrar. Ef sa verðr secr, er konona hefir fastnat, þa á hin rett or fe hans, er konona hefir tecna. En þoat hin søki hann eigi, er lograðande er, þá a þó sa réttin at heimta, er konona hefir tecna. þa er kona fostnoð, er hann hefir at vatta, at hin fastnar honom cono þa N. logfostnon heillt rað oc heimillt. þa er heimillt, er sa fastnar, er a festarnar. En þa er heillt, ef hon væri eigi verðe at vere, þo at hon væri ambótt, at hon hefðe uheilende slíct eða aðrir okostir eða andmarcar þeir, er hon væri eigi verðe at verre. En ef þeir anmarcar reynaz at konone, oc varðar fiorbavgsgarð þeim manne, er fastnaðe hinom konona viss vitande, oc fyrir raðom a þat at standa, ef hin vill, er ser fastnaðe kono. Nu vill hin heimta mund, þa scal sa stefna, er ser hafðe konona fastnat vm þat, at hann hafe þa cono fastnat vís vitande, er þeir andmarcar se at, er hon væri verðe at verre, ef hon væri ambótt. Hann scal stefna til fiorbavgsgarðs oc queðia IX bva hans til a þingi. Nu ber quiðr a hinn oc secz hann þá, enda er eigi heimting til mundarens, þoat af honom bere. Nu ber þat quiðr, at hann visse eigi annmarka a konone, oc versc hann þa malino, enn erat heimting til mundarens, nema søkiande fae quið þan V heimilisbva cononar, at eigi se þeir annmarkar a konone, oc racnar þa mundrin.

---

[1]) scal-at, soll nicht. Zum Suffix-at *Noreen*, Grammatik § 54, 3b.

36. Grágás (Konungsbók) Festaþáttr c. 145.

(I b 36.)

Ef sa maðr verðr vis, er kono hefir fastnaða, at su er með barne, oc scal hann gera orð þeim, er konan er fostnoð, oc segia honom. En hann scal raða vm siþan, hvart hann vill eiga ganga konona [1]) eda eigi, oc er hann vareðr sökine, ef hann getr quið þan, at hann visse eigi, at konan var olétt, þa er hann fastnaðe. En ef siþan er legit með konone, er honom var fostnoð, þa scal hann kiosa, hvart hann vill eiga konona, oc á hann þa legorðzsokena, en hin a rétt or féno, er konona hefir fastnaða. En ef hann vill eigi samför við konona, þa a hin legorðzsökina, er fastnaðe, enn hann a þa réttin oc sciptiz sva vm með þeim.

37. Grágás (Konungsbók) c. 146.

(I b 36.)

Leysingi scal fastna dóttor sína sva et sama sem frialsborin maðr oc rétto at taca a henne, oc sva leysing [2]) et sama oc lavngetnir menn.

38. Grágás (Konungsbók) Festaþáttr c. 147.

(I b 37.)

Ef maðr gengr kono at eiga, hann scal eið vina a varþingino [3]) næsta, at hann veit eigi áttarmot með þeim, þat er fe vítifylgi. Þat er oc rétt, at hann vine eid fyrir goða þeim, er hann er i þingi með [4]). En goðin scal segia með vatta i þingbrecco [5]), þa er meire lutr er þar þingheyianda. En ef hann viðr eigi eiðen, þa varðar honom VI marca secþ við þan, er søkir, oc a sa søkina, er vill [6]) En ef hann veít áttarmót með þeim, oc scal hann þa segia til þess, at hann vill þat fyrir eiðe lata standa, at bera fe i lögrétto oc queþa a hue micit. En ef hann ber eigi feet i lögretto et næsta sumar X avra, þa varðar honom þat VI marca vite, ef manz

---

[1]) Staðarholsbók c. 127: hvart hann vill ganga at eiga konona.
[2]) Lies: leysingja. [3]) *Maurer*, Vorlesungen IV 403 ff. [4]) Über Goden *Maurer*, Vorlesungen V 213. [5]) Die Þingbrekka ist ein erhöhter Platz an der Dingstätte. *Maurer* Vorlesungen IV 311.
[6]) Popularklage. *v. Amira*, Grundriß [3] 248.

er vant, en þa C alna, ef II er vant, oc varðar honom þa XII merkr, ef eigi cømr fram, oc a sa þat fe hálft, er søkir, en halft scal døma, at bera i lögrétto, en sa a söc er vill. Scal þo domr døma a hendr honom, at bera fe i logrétto sem aðr. En borit scal feet i logrétto drottinsdag en fyra i þingi [1]). En fe þat, er þeim scal døma til handa, er söc sótte, a at dømaz at heimile þess, er sottr er, XIIII nóttom eptir vapnatak, þar er þeir ero samfiorðungs [2]). En utanfiorðungsmanne a hond a at døma miðvicodag i mitt þing i boanda kirkiogarðe [3]) anat sumar. Jafn rétt er at stefna sem at lysa enda er rett at lysa at lögbergi oc søkia et sama sumar oc queðia heimilisbva V [4]) a þingi þess, er sottr er, hvárt hann hafe fe borit i logretto eða eigi. þar er maðr søkir vm lögrettofe oc er rett at stefna söc þeirre heiman oc scal hann telia þa frænzsemi at domi. Hefia upp at systkinom oc telia knerunom oc legia þat undir þegnscap sin, at su er frændzsemistala sön oc rétt með þessom manne oc þessare kono, er hann á, oc nefna þav bæðe. Sva scolo oc sanaðarmenn hans legia undir þegnscap sin, at þeir hygia þa frændsemistölo sana oc retta, er hann talðe. Scolo þeir allir III hafa unin þegnscaparlagningareið aðr. Hin scal beiþa ser biargquiðar V heimilisbva sina, at hann visse eigi áttarmót með þeim, oc bergr honom eigi sa lengr, en liðr et fyrsta alþingi.

39. Grágás (Konungsbók) Festaþáttr c. 148.

(I b 38.)

Vm samgang hiona.

Ef þeir menn ganga saman, er mina fe eigo en C lögavra VI alna avra, fyrir utan hversdagsklæðnað sin, omaga lavsir, þa varðar þeim fiorbavgsgarð, nema kona se eigi barnbær oc scal eigi feransdom [5]) at þau oc verðr eigi fe þeirra secþ oc scolo þav fara abrott með omaga sína af lanðe oc coma eigi aptr, nema fe þeirra vaxe sva, at þav eigi C eþa meira,

---

[1]) Das alþing begann seit 929 am Donnerstag der 11. Sommerwoche (18., spätestens 24. VI.) und dauerte zwei Wochen. [2]) Island zerfiel seit 965 in Viertel. *Maurer* ebda. 36 ff. [3]) Auf dem alþing gab es Kirche und Kirchhof. [4]) S. Nr. 35. [5]) *v. Amira*, OR. II 124.

eða kona se eigi barnbær. þat varðar oc fiorbavgsgarð þeim manne, er kono þa fastnar, nema hann eigi fe sva, at hann føre omaga þeirra fram þa, er þav ala oc ræðr hann ser a hendr omaga þa, en eigi frændom sinom. þott hann sele öðrom manne i hond festarnar eða lofar hann, at anar maðr fastne, þa er, sem hann sialfr fastne. Ef hin, er fastnaðe, a eigi hag til at taca við omogom, þa er sva mælt vm þan, er ini hefir brullavp þat, oc varðar þeim slict et sama sem hinom, er fastnaðe, oc scal queðia til heimilisbva IX [1]) a þingi þess, er sottr er. þeir menn eigo sócn til þessa saca, er til omaga standa, eða sa, er vill [2]). þar er oavðgir menn ganga saman, þoat þeir segi osætt sina á, oc er þat sem þeir mæle ecki vm, nema þeir søki vm. þat er stefnosöc oc scal queðia til IX bva a þingi þess, er sóttr er. Men eigo eigi þa nótt at ganga saman, er logheilagr dagr se eptir næstr eða lögfasta. Bruðlavp scal eigi gera nær pascom, fyrir en lokit se lavgardag þann fyrir nio vicna fösto, oc scal eigi nær eptir, en vica se liðin fra fyrsta paschadegi. Men scolo eigi brullavp gera fra lavgardegi þeim, er næstr er gagndögom fyrir, oc allt unnz liðr ena hælgo viko. Brullavpe scal lokit vera lavgardag in næsta fyrir iolafosto. Enda scal eigi nær iolom, en vika se liðin fra enom þrettanda degi. þat varþar þeim monnom fiorbavgsgarð, er brullavp gera a þeim tiðom, er nv ero fra numnar, oc er þat stefnosöc oc a sa at søkia, er vill, oc scal queðia IX heimilisbva til þess, er sottr er.

40. Grágás (Staðarholsbók) c. 119 (Auszug).

(II 156.)

þar er eckia er favstnoð manne, þa scal hennar rað fylgia, nema faþir fastni, þa scal hann raða. Eigi scal faþir neyða dottor sina til raða, ef hon vill vigiaz lata til nunno. Ef fleire menn ero til raðana, þa scal sa raða er ellztr er brøðrana. Ef þa scilr a, enda biði hon þa raða fyrir. En ef hon queðr a eitthvat, þa scal sa þeirra raða, er hennar raðe fylgir, ef þat þickir iafnræðe. En engo ræðr alldrin þa oc sva hvarvetna þes, er eigi ero brøðr. En ef þeir vilia dvelia rað fyrir henne oc synia II mönnom, þeim er iafnrøði þötti, þa scal hon raða við inn þriðia, ef þat þickir iafnrøðe

[1]) S. Nr. 35. [2]) S. Nr. 35.

við ráð frænda sins nökors. Eckia a sva at raða eða mær tuitøg eða ellri. Eckia á at fastnaz siálf manne þeim, er hana átte fyr.

41. Grágás (Staðarholsbók) c. 126 (Auszug).

(II 162.)

Þa er kona föstnod at lögom, ef maðr tínir mundarmál. En siþan a lögraðande oc sa maðr, er konan er fest, at nefna vatta. »At þvi vetti nefnom vit«, scal hann segia sa, er kono eignaz, »at þu N. fastnar mer N. lögföstnon oc þu handsalar mer heimanfylgio með iningo oc efningo allz þes máldaga, er nu var með okkr vm stund tíndr oc talðr fyrir váttom at vellavso oc bréklavso, heillt rað oc heimilt.«

42. Grágás (Staðarholsbók) c. 167.

(II 199.)

Þar er hiu coma bæði i eina sæing, at þa er kono heimill mundr sin oc sva vextir af fe þvi öllo, er henne er mœlt i mundarmalum. Kona scal oc af sino fe eino taca til atvinno ser enda scal hann eigi leiga þat fe, er hon á i gripum. Buandi hennar verðr aþile mala þeirra allra, er hon var aðr aðili at. Sva a hann enga söc þa at taca af henne oc sva verðr hann þa aþili at legorðssöcom vm frændkonor hennar. Þeirra saka er hann seliandi oc sva þeirra allra, er hon átti, aðr hon væri gefin.

III. Sagas.

43. Njálssaga II 7—12.

(Ausgabe Jónsson 4 f.)

7. Hǫskuldr [1]) stóð upp ok Hrútr ok gengu til búðar [2]) Marðar ok inn í búðina; Mǫrðr sat í innanverðri búðinni; þeir kvǫddu hann; hann stóð upp í mót þeim ok tók í hǫnd Hǫskuldi, ok settiz hann niðr hjá honum, en Hrútr sat et næsta honum.

---

[1]) Bruder des nachher genannten Hrútr. [2]) Auf dem Ding hatten die Goden, auch einzelne Dingleute, Hütten, sogen. búðir.

8. Síðan tǫluðu þeir mart, ok kómu þar niðr rœður Hǫskulds, at »ek mæli til kaupa við þik. Vill Hrútr geraz mágr þinn ok kaupa dóttur þína; ok skal ek eigi mitt til spara.«

Mǫrðr svarar: »Veit ek, at þú ert hǫfðingi mikill, en bróðir þinn er mér ókunnigr.«

9. Hǫskuldr mælti »Framar er hann en ek«.

Mǫrðr mælti: »Mikit munt þú verða fram at leggja með honum, því at hon á allan arf eptir mik.«

»Eigi þarf ok lengi at bíða, hvat ek skal á kveða,« segir Hǫskuldr, »hann skal hafa Kambsnes ok Hrútsstaði ok upp til Þrándargils; hann á ok kaupskip í siglingum.«

10. Hrútr talaði þá til Marðar: »Hugsa svá um, bóndi! at bróðir minn mun mér mjǫk hafa fram haldit fyrir ástar sakir. En ef þér vilið gera málit at álitum, þá vil ek, at þér gerið kostinn.«

11. Mǫrðr svaraði: »Hugsat hefi ek kostinn; hon skal hafa sex tøgu hundraða [1]) ok skal aukaz þriðjungi í þínum garði, en ef þit eiguð erfingja, þá skal vera helmingarfélag með ykkr.«

Hrútr mælti: »Þenna kost vil ek, ok hǫfum nú vátta við.«

12. Síðan stóðu þeir upp ok tókuz í hendr ok fastnaði Mǫrðr Hrúti dóttur sína Unni, ok skyldi boð vera hálfum mánaði eptir mitt sumar at Marðar.

44. Njálssaga II 16—19.

(Ausgabe Jónsson 6 f.)

16. »Hvat skal nú til ráða, bróðir!« segir Hrútr [2]), »þykki mér nú vandaz málit, er ek hefi áðr ráðit brullaup mitt« [3]).

Hǫskuldr mælti: »Þú skalt ríða suðr til fundar við Mǫrð ok bið hann, at þit skipið máldaga ok siti hon þrjá vetr í festum. En ek mun riða heim ok flytja vǫru þína til skips.«

17. Hrútr mælti: »Nú vil ek, at þú takir mjǫl ok við ok slíkt annat, sem þér líkar, af varningi.«

---

[1]) Großhundert. [2]) S. Nr. 43. [3]) Hrútr hatte erfahren, daß er in Norwegen eine Erbschaft zu übernehmen habe.

Hrútr lét taka hesta sína, ok reið hann suðr, en Hǫskuldr reið heim vestr.

18. Hrútr kom austr á Rangárvǫllu til Marðar ok hafði þar góðar viðtǫkur. Hrútr sagði Merði allt efni sitt ok bað hann ráð á leggja.

Mǫrðr segir: »Hversu mikit fé er þetta?«

19. Hrútr sagði vera tvau hundruð marka, ef hann fengi allt.

Mǫrðr mælti: »Mikit er þat í móti erfðinni minni, ok skalt þú víst fara, ef þú vill«.

Siðan breyttu þeir máldaganum, ok skyldi hon sitja þrjá vetr í festum.

45. Njálssaga IX 8—11.

(Ausgabe Jónsson 25.)

8. Síðan[1]) fóru þeir bónorðsfǫr ok kómu á Hǫskuldsstaði ok hǫfðu þar góðar viðtǫkur. Þeir rœddu þegar ørendi sín fyrir Hǫskuldi ok vǫkðu bónorðit.

9. Hǫskuldr svaraði: »Kunnigt er mér um hag ykkarn, en ek vil enga vél at ykkr draga — er dóttir min er hǫrð í skapi. En um yfirlit hennar ok kurteisi meguð þit sjálfir sjá.«

Þorvaldr svaraði: »Ger þú kostinn, því at ek mun skaplyndi hennar eigi láta fyrir kaupi standa«.

10. Siðan tala þeir um kaupit, ok spurði Hǫskuldr dóttur sína eigi eptir, því at honum var hugr á at gipta hana; ok urðu þeir á sáttir á allan kaupmála.

11. Sídan festi Þorvaldr Hallgerði, ok reið heim við svá búit.

46. Njálssaga XIII 19—26.

(Ausgabe Jónsson 37 f.)

19. Þá[2]) var sent eptir Hallgerði ok kom hon þangat ok tvær konur með henni; hon hafði yfir sér vefjarmǫttul

---

[1]) Þorvaldr freit, von seinem Bruder Ósvifr begleitet, um Hallgerðr, die Tochter des Hǫskuldr. [2]) Glúmr Óleifsson wirbt um die infolge des Todes von Þorvaldr verwittwete Hallgerðr.

blán[1]) ok var undir í rauðum skarlazkyrtli ok silfrbelti um sik[2]).

20. Hon settiz niðr í milli þeira Hrúts ok fǫður síns; hon kvaddi þá alla góðum orðum ok mælti vel ok skǫruliga ok spurði tíðenda; síðan hætti hon at tala.

21. Glúmr mælti: »Um kaup vár fǫður þíns hǫfu vit Þórarinn bróðir minn talat nǫkkut, at ek munda fá þín, Hallgerðr! ef þat er þinn vili sem þeira. Munt þú nú segja, ef þú ert skǫrungr, hvárt þat er nǫkkut nær þínu skapi, en ef þér er engi hugr á kaupum við oss, þá vilju vér ekki um tala.«

22. Hallgerðr mælti: »Veit ek, at þit eruð mikils háttar menn, brœðr, ok veit ek, at ek mun nú miklu betr gefin en fyrr; en vita vil ek, hvat þér hafið um talat eða hvé mjǫk þér hafið fram mælt málinu; en svá líz mér á þik, at ek mun þér vel unnandi verða, ef vit komum skapi saman.«

23. Glúmr sagði henni sjálfr allan kaupmála ok veik hvergi af, ok spurði þá Hǫskuld ok Hrút, hvárt hann hermði rétt. Hǫskuldr sagði svá vera.

24. Hallgerðr mælti þá: »Svá vel sem þér hefir farit þetta mál til mín, faðir minn! ok Hrúti, at ek vil at ykru ráði gera, ok skal þessi kaupmáli vera, sem þit hafið stofnat.«

25. Þá mælti Hrútr: »Þat þykki mér ráð, at vit Hǫskuldr nefnim vátta, en Hallgerðr festi sik sjálf, ef lǫgmanni þykkir þat rétt.«

»Rétt er þat,« sagði Þórarinn.

26. Síðan váru virð fé Hallgerðar, ok skyldi Glúmr leggja í móti jafnmikit, ok skyldi vera helmingarfélag með þeim. Síðan fastnaði Glúmr sér Hallgerði, ok riðu þeir suðr heim, en Hǫskuldr skyldi hafa boð inni. Er nú kyrt, þar til er menn ríða til boðs.

47. Egilssaga VII 8—10.

(Ausgabe Jónsson 22 f.)

8. En er þeir[3]) hǫfðu af klæðz ok tekit upp yfirhafnir,

---

[1]) Nicht blau im heutigen Sinne, sondern schwarz. [2]) Über die Kleidung *Gudmundsson-Kålund* in Paul's Grundriß III[2] 444 ff. *Hoops*, Reallexikon III 59 f. [3]) Bjǫrgólfr und sein Sohn Brynjólfr, die auf der Reise im Hofe von Hǫgni auf der Insel Lebu einkehren.

þá lét Hǫgni bera inn skapker ok mungát [1]; Hildiríðr bóndadóttir bar ǫl gestum.

9. Bjǫrgólfr kallar til sín Hǫgna bónda ok segir honum, at — »ørendi er þat hingat, at ek vil, at dóttir þín fari heim með mér, ok mun ek nú gera til hennar lausabrullaup.»

10. En Hǫgni sá engan annan sinn kost, en láta alt svá vera, sem Bjǫrgólfr vildi; Bjǫrgólfr keypti hana með eyri gullz, ok gengu þau í eina rekkju bæði; fór Hildiríðr heim með Bjǫrgólfi í Torgar; Brynjólfr lét illa yfir þessi ráðagǫrð; þau Bjǫrgólfr ok Hildiríðr áttu tvá sonu; hét annarr Hárekr, en annarr Hrœrekr.

48. Egilssaga IX 24—28.

(Ausgabe Jónsson 34 f.)

24. Þeir synir Hildiríðar [2]) fóru á fund Þórólfs ok hófu upp tilkall þat, er þeir þóttuz þar eiga um fé þat, er átt hafði Bjorgólfr, faðir þeira [3]).

25. Þórólfr svarar svá: »þat var mér kunnigt of Brynjólf ok enn kunnara um Bárð [4]), at þeir váru mandómsmenn svá miklir, at þeir mundu hafa miðlat ykkr þat af arfi Bjǫrgólfs, sem þeir vissi at réttendi væri til; var ek nærr því, at þit hófuð þetta sama ákall við Bárð, ok heyrðiz mér svá, sem honum þœtti þar engi sannendi til, þvíat hann kallaði ykkr frillusonu.«

26. Hárekr sagði, at þeir mundu vitni til fá, at móðir þeira var mundi keypt — »en satt var þat, at vit leituðum ekki fyrst þessa mála við Brynjólf bróður okkarn; var þar ok með skyldum at skipta, en af Bárði væntu vit okkr sœmðar í alla staði; urðu ok eigi lǫng vár viðskipti.

27. En nú er arfr þessi kominn undir óskylda menn okkr [5]), ok megu vit nú eigi með ǫllu þegja yfir missu okkarri; en vera kann, at enn sé sem fyrr sá ríkis munr, at vit fáim eigi rétt af þessu máli fyri þér, ef þú vill engi vitni heyra, þau er vit hǫfum framm at flytja, at vit sém menn aðalbornir.«

---

[1]) Bier aus Gerste. [2]) Vgl. Nr. 47. [3]) *Maurer*, Zwei Rechtsfälle in der Eigla, Münchner SB. 1895, S. 65 ff. [4]) Brynjólfr ist der Vatersbruder der Hildiríðarsynir, Bárðr hvíti sein Sohn. [5]) Dadurch, daß Bárðr es seinem entfernten Verwandten Þórólfr vor seinem Tode vermacht hatte.

28. Þórólfr svarar þá styggliga: »Því síðr ætla ek ykkr arfborna, at mér er sagt móðir ykkur væri með valdi tekin ok hernumin heim hǫfð.«

Eptir þat skilðu þeir þessa rœðu.

49. Ljósvetningasaga c. XII.

(Ausgabe Þorláksson 151.)

Nú gekk Þórsteinn þegar til búðar Þórkels; en hann heilsar hánum vel, ok spurði hvat hann árnar. Þórsteinn svarar »eigi veit ek nú at hverju verða vill, en konu hefi ek beðit i morgun til handa þér«. Þórkell mælti: »mikit er um liðveizlu þína, er þú gerir þat ekki síðr, er ek býð þér um eigi; hver er sjá kona?» Þórsteinn svarar: »sjá mær heitir Jórunn, ok er dóttir Einars frá Þverá.« Þórkell mælti: »þá mey vilda ek ok helzt eiga á Íslandi«. Þórsteinn mælti: »þá er nú ráð at ganga til festarmálanna«.

Siðann finnaz þeir Einarr, ok tala nú um málit; ok urðu á allt sáttir, ok ákveðin brullaupsstefna. Siðan fóru festar fram; skyldi brullaup vera at Þverá hálfum mánaði eptir þing. Siðan gekk Þórsteinn þar nærri, sem Guðmundr enn ríki var, ok þótti hánum vel at tal þeira bæri saman; ok svá varð. Guðmundr mælti: »göngult verðr þér, Þorsteinn, um þingit, ok munu þér mikit afreka«. Þorsteinn svarar: »eigi síðr mun þér þat þykkja, ef þú veizt görla«. Guðmundr spyrr: »hvat er nýrra tiðenda?« Þorsteinn svarar: »smá ein tíðendi hefi ek at segja, en þó þat helzt, at þórkell Geitisson festi sér konu«. Guðmundr svarar: »sú kona er vel gefin, er hánum er, þvi at hann er enn mesti hreystimaðr, þótt nú sé með okkr fátt — eða hver er sú kona?« Þórsteinn svarar: »Jórunn bróðurdottir þin«. Guðmundr mælti: »eigi var Einari þat í hug áðan, er vit skilðum«. Þórsteinn mælti: »nú rétt gekk ek frá festarmálunum, ok var ek váttrinn ok Ófeigr Járngerðarson«.

50. Gunnlaugssaga ormstungu c. VII, 25.

(Ausgabe Mogk 10.)

Þorsteinn mælti: Fyr þin orð ok okkra vingan skal Helga [1]) vera heitkona Gunnlaugs, en eigi festarkona, ok

---

[1]) Tochter des Þorsteinn

biða þrjá vetr. En Gunnlaugr skal fara utan ok skapa sik eptir góðra manna siðum. En ek skal lauss allra mála, ef hann kømr eigi þá út eða mér virðiz eigi skaplyndi hans. Ok við þetta skilja þeir.

51. Finnbogasaga c. I.

(Ausg. Gering 3.)

Asbiorn átti dottur, er þorny het. Hennar bað austmaðr sa, er Skiði het. Asbiorn villdi eigi gipta hana. Þa er Asbiorn var riðinn til þings vm sumarit, hafði Skiði tekit i brótt meyna með raði þorgerðar moður hennar. Hann flutti hana til Noregs ok gerði þar brullaup til hennar.

IV. Urkunden.

52. Urkunde aus Odensland vom 19. Oktober 1322.

(Diplom. Nowegicum II 126.)

Ollum monnum þeim, er þætta bref sea æda hœyra, senda Arne Orms son, Hakon Orms son, Juar logmadr, Erlendr prebendarius j Kristkirkiu j Bœrghwin, Kolbein prestr j Vik, Juar borkr, Thorbiorn broder hans, Ogmunðr Erlendz son, Suein Bardar son q. g.[1]) ok sina. Ver vilium yðr kunigt gera, at a fiorda are rikis vars vyrdulægx herra Magnusar[2]), med guðrs miskun Noregx Sya ok gota kononghx, varo ver i hia tysdagen fyrsta af vetri[3]), er Philipus Erlenz son let vyrda j henðr Arnalde Josteins syni at bryllaupi þeirra a Odenslande, med Margretto dottor sinni. In primis II. bedi ok teflinxhœgende firir halfa setto mork, jtem VI blægior firir XII. aura, eit abreilz firir mork, salun firir XII. aura, jtem grœn mottul med gram skinnum firir III merkr, halflitr kyrtill ok kaprun ok rauðr kyrtill firir VI merkr, item halfskallaz mottul med gram skinnum firir halfa setto mork, jtem skallazmottul med huitum skinnum firir X merkr, jtem blatmenget mottul ok kapprun med

[1]) = kveðju guðs, Gottes Segen. [2]) Magnus Eriksson 1319—1343, durch den Vertrag von Oslo König von Norwegen und Schweden. [3]) Der Winter begann mit dem 14. Oktober.

huitum skinnum ok kyrtill med lodum firir halfa XVI mork, jtem skallazmottull ok kaprun bæde med huitum skinnum firir XII merkr, eit stykki af silkiskautum firir IV laupa, jtem gulneste er stenðr eyri firir VIII merkr, ein sylgia gylt med viravirki firir III merkr, jtem ein psaltare firir III merkr, jtem II paldynur ok palklæde XII alna firir III merkr, item beikkiargiof [1]) hennar ein spira, er stendr ertogh ok XIII aura, ok ein sylgia gylt, er stendr III aura ok eit fingrgull, er stendr ærtogh, var þat alt saman firir halfa tolfto mork jtem IV fingrgull firir X aura, summa med tilgiof [2]) ok beikiargiof XVII tigir marka ok XX aurar, atte þa Philipus at luka Arnalde þriar merkr gulz. Ok till sanz vitnisburdar setto ver fyrnemde(r) var insigli firir þætta bref, er gort var a Odenslande a fyrnemdo are, dagh ok tima. En þessar iarder hafde Margret heiman, jn primis j Sundzuikr kirkiusokn j Staxlande tiu, j Heruikum, VII jtem j Teizfyrdi, XIV j Rytiseiki, VII jtem j Huinislande halfr annar, jtem j Aualznes kirkiusokn j Sunstokkom VIII, jtem j Hualauage ein, jtem j Hyllistada sokn j Hoflande niu, summa fimtighir manadamatabool ok halfs attanda manadamatabooll.

53. Urkunde aus Bergen vom 22. Oktober 1341.

(Diplom. Nowegicum I 220.)

Ollum monnum þæim, sæm þætta bref sea æda hœyra, senda Arne prestr aat Marteins kirkiu, Aslakr Bardar son, ok Omundr Hauarðs son Q. G. [3]) ok sina. Wer gærom ydr kunnikt, at a þorsdaghen nesta firir Mathie appostoli [4]) a tyttugtha aare ok einu rikis wars virdulæghs herra Magnusar mædr guðs miskun Noregs Swia ok Gota konongs [5]), varom ver i hia aller i sen i œpsta siofarloppteno ifir garzliðinu innra uæghen i Dramsuðini i Biorgwin, þa er þostein Iuars son festi ser Sigriði Barðar dotor till eighinar husprœyiu. Var þar vm talað ok till fulnaðar gortt wm heimanfiulghiu, tillgiof ok aðra kaupu koste þeira i millim epptir þwi, sem bref þar vm gortt watar. Stod þa þostein vpp ok gæk ifir vm þuert golfett ok tok i hond Sigriðar, en Omundr langr skildi firir mæðr þæima ordom [6]); »Gud se hansal þeira

---

[1]) *v. Amira,* OR. II 650. [2]) *v. Amira* a. a. O. 648. [3]) S. Nr. 52. [4]) 24. Februar. [5]) S. Nr. 52. [6]) S. Nr. 27.

þosteins Iuars sonar ok Sigriðar Barðar dotor. þat skilzt ok flælzt [1]) vndir þeira hansale, at þostein festir ser Sigriði till æighinar kono aat guds loghwm ok heilaghrar kirkiu. Se þar guð ifir vattr ok þeir aller goðer men nemdir vattar, sem orð min hœyra.« Gaf þa þostein Sigriði opnemdri fingrgull ok kysti hana. Var ok aat allre vare æslan sionvitend ok vndirstadnigh jam goðr vili Sigriðar till þessa kaups sem þosteins. Varo her i hia moder hennar ok systir ok margher aðrer kuastwegghia þeira frendr ok winir, ok iam glaða saam wer hana wtt gangha af þessare festarstefno sem hon in kom. Barom ver aller adrnemdir men, ek Arne prestr a prestord mitt, en wid Aslakr ok Omundr mædr swornom bokaræiði, serlægha kuer profadr a stefno i biskupsgarðe i Biorghwin firir sira Haldore Jons syni krafðer ok framlæidir af Einare kuf, vmboðsmanne þosteins fyrnemðs, hiauæranðom Sigriði opnemdre ok Siugurði klerk þorðarsyni a manadaghen epptir luce euangeliste a þriðia aare ok tuttugtha rikis vars virdulæghs herra Magnusar konongs aðarnemðs þenna vitnisburð, orð epptir orðe, sem nu hofwm ver flutt, ok till fullra sannenda her vm settom ver vaar insigli firir þennan warn vitnisburð, en wer baarom a deghi ok aare, sem her seghir.

54. Urkunde aus Losne vom 26. Oktober 1423.

(Diplom. Nowegicum V 393.)

Ollum monnum theim, sem thetta bref se eder heyra, sendæ Ansteinn Jonsson Sigurder Kolbeinsson oc Olafer Jonsson q. g. [2]) oc sina, kunnigt giørande, at a thysdagen næsta fore apostolorum Simonis et Jude anno domini m° cd° XXIII vorum midh j Losnu j Sogne, saghum oc heyrdum a, at Ingibiorg Arnfinz dotter oc Jorun Jons dotter handselde velborenne kuinnu hustru Sigridho Erlendz dottor fullan vitnisburd oc allan a uegna Peturs Thoresson, at Olafer Pætursson skraddare lysti tijtt oc opta, at han hafde giort festnadøl theirras Thores Unasson oc Gydu Thorkels dottor, oc hafde hann thetta festnadøl giort j Northlanden. Item handselde oc Ragnilldæ Hakona dotter thenna vitnisburd,

---

[1]) S. Wörterbuch u. *fela*. [2]) S. Nr. 52.

ath hun var j brudlaupe Thores Unasson oc Gyda Thorkels dottor fyrnefndre, oc thetta vilia fyrnefndar kuinnur sueria oc bera, nar thess kann meder ath thurfua, oc thetta handseldu thœr fyrnefndre hustru Sigridho meder fullu ja ok handarbande a uegna fyr nefns Petrs, oc til sannenda heer um settum mith okkro jnzcigle fore thetta bref, er giørt var deghi oc are, sem fyr segher.

Wortverzeichnis.

á praep. auf, an, zu, in bezug auf
á brott = *brott*
á s. *eiga*
ábreizl n. Zudecke, Bettdecke
ábyrgð f. Bürgschaft
aðalborinn adj. echtgeboren
áðan adv. vorher, neulich
aðili m. Klageberechtigter
áðr adv. vorher, im vorigen Fall
af praep. von
afklæða v. auskleiden
afla v. erwerben
afreiða v. übergeben, erledigen
afreka v. ausrichten, besorgen
ákall n. Anspruch, Ansprache
ákveðinn adj. erklärt, gesagt
ala (*ól*, *alinn*) v. gebären, erzeugen, aufziehen, ernähren
aldri, *aldrigi* adv. niemals
alin f. Elle
álit n. Betrachtung, Überlegung
allr adj. all
með ǫllu durchaus
ambótt f. Unfreie, Dienerin
andask v. refl. sterben
annar (*ǫnnor*, *annat*) num. anderer pl. *aðrer* (*aðrar*, *ǫnnor*)
annarhvárr pron. einer von zweien
annartveggia pron. einer von zweien n. *annattveggia*
annmarki m. Mangel
ár n. Jahr
arfr n. Erbe, Erbschaft
arfborinn adj. zum Erbe geboren
arfgengr adj. erbberechtigt
arfi m. Erbe
arfsvik n. pl. Erbschaftsbetrug
arinelja f. Friedel, Konkubine
ármaðr m. Beamter
árna n. ausrichten, erreichen
askr m. ein Hohlmaß für Flüssigkeiten
ást f. Zuneigung
at praep. zu, bei, in Eigenschaft von, als, gemäß, in bezug auf

at conj. daß, auch = *er* (pron.)
athyggja f. Umsicht
áttandi num. achte
atvinna f. Unterhalt
austr adv. nach Osten
austmaðr m. Mann aus dem Osten, Norweger
auk adv. darüber, außerdem
auka (iók, aukinn) v. vermehren *a. einum vatt* einen Zeugen mehr vorbringen
aurum s. *eyrir*
ávinningr m. Erwerb

*barn (*pl. *bǫrn)* Kind
barnbærr adj. fruchtbar
bauggildi n. Ringgeld
bauggildismaðr m. Ringgeldmann
báðir num. alle zwei, beide *(bæggia, báðom, báða)*
beðr m. Polster, Kissen
beggia s. *báðir*
beiða v. begehren, verlangen
bekkjargjǫf f. Bankgabe
bera (bar, borinn) v. tragen, aussagen (von Zeugen) *bera undir e—n* einem anfallen (Erbschaft), *b. kviðr á (af)* sagt die Jury gegen (für) aus
betr ad. besser
bíða (beið, beðinn) warten
biðja (bað, beðinn) v. bitten, erbitten
binda (batt, bundinn) binden *hjuskap binda* Ehe schließen
birta v. offenbaren, kundtun
birgiskona f. Konkubine
biskupr m. Bischof
biskupsgarðr m. Bischofshof
bjarga (barg, borginn) v. helfen
bjargkviðr m. Verteidigungsjury
bjarkeyjarréttr m. Stadtrecht
bjóða v. *(bauð, boðinn)* bieten, aufbieten
blámengðr adj. blau gesprenkelt
blanda f. Mischung (aus saurer Milch und Wasser)
blár adj. blau, schwarz
blessan f. Segen
blæja f. Bettdecke
boð n. Botschaft, Einladung, Gasterei, Trauung
bókeiðr m. Eid auf das Evangelium
bólstaðr m. Behausung
bónorðsfǫr f. Brautwerbefahrt
bráðr adj. rasch, heftig
bréf n. Urkunde
breklauss adj. ohne Hinterlist
breyta v. verändern
broðir m. Bruder
brotfall n. Fallsucht
brott adv. fort
brúðr f. Braut
brúðgumi m. Bräutigam
brúðkona f. Begleiterin der Braut
brúðlaupr m. Brautlauf, Hochzeit

brúðlaupsgerð f. Abhaltung des Brautlaufs
brúðslaupsstefna f. Hochzeitstermin
brúðmaðr m. Begleiter des Bräutigams
bú n. Hof, Haushalt
búa (bjó, búinn) v. wohnen, zusammenleben, instandsetzen
búinn bereit, *við svá búit* bei dieser Lage der Dinge
búandi, bóndi m. Bauer, Grundbesitzer, Ehemann, Hausherr
búð f. Bude, Zelt
bøta v. bessern, büßen *b. við enom* einem büßen, *b. við Crist* Kirchenbuße tun *bøtiz honom* er wird gesund

dagr m. Tag
dagriki n. Heiligkeit des Tags
dauðr adj. tot
dirfask v. sich erdreisten
dómari m. Richter
dómr m. Urteil, Gericht
dottir f. Tochter
drengr m. Ehrenmann *drengr at verri* schlechterer Kerl
dróttingsdagr m. Sonntag
dvelja (dvalda, dvalinn) v. verzögern, aufhalten
døma v. urteilen

eða conj. oder
ef conj. wenn
efni n. Angelegenheit, Umstände, Verhältnisse
efning f. Erfüllung
efstr adj. letzter
eftir s. *eptir*
ei = *eigi*
eiðr m. Eid
eiga (átta, áttr) v. haben, *á* hat *eiga á* zu fordern haben in bezug auf
eigi adv. nicht
eiginkona f. echte Ehefrau
eiginorð n. Eigentum, Eheschließung
eigna v. zueignen
eindaga v. Termin bestimmen
eindagi m. Termin
ein (ein, eitt) num. einer (eine, eines) *ei at eins* — *heldr* nicht nur — sondern auch
einnhverr pron. irgendeiner *einahverria þessa tið* zu irgendeiner dieser Zeiten
einseiðr m. Eineid (ohne Eidhelfer)
ek pron. ich *(mín, mér, mik)*
ekki adv. nicht
ekkja f. Witwe
ella(r) adv. anders, andernfalls
elligar = *ella*
ellri adj. älter, sup. *ellztr*
en conj. und, aber, als (nach comp.)
en pron. welcher (= *er*)
endir m. Ende
engi pron. keiner

enn conj. weiter, noch
eptir adv. praep. hinterher, darnach, gemäß
eptir of morgon am Morgen darauf
eptir tillfellum nach Sachlage
er pron. welcher
þar er da wo
er s. *vera*
erendi n. Angelegenheit
erfð f. Erbrecht, Erbrechtsklasse
erfingi m. Erbe
ero s. *vera*
eyrir m. Unze, Öre (pl. *aurar*)

fá (fekk, fenginn) v. erhalten, empfangen
faðir m. Vater
falla (fell, fallinn) v. fallen
fang n. Fang
pl. *fǫng* Erwerb
fangaðr adj. bemittelt
fangstið f. Trauungszeit
fár adj. wenig, gering
er fatt með okkr das Verhältnis zwischen uns ist nicht gut
fara (fór, farinn) v. fahren, gehen, führen
fram f. vor sich gehen, weiterführen
fasta f. Fasten
fastna v. verloben
fastnaðarǫl Trauungsgelage
fé n. (gen. *fjar*) bewegliches Gut, Vieh
fékaup n. vorteilhafter Handel
hafa at fékaupum ausnützen
fela (fal, fólginn) v. verbergen
þat felst undir handsale das wird mit Handschlag bekräftigt
félag n. Gesellschaft, Gütergemeinschaft
félagsgerð f. Abschluß der Gütergemeinschaft
fengit s. *fá*
féransdómr m. Exekutionsgericht
festa v. festmachen, sich verpflichten, verloben
festa sik sich verloben
festar pl. f. Verlobung
festarkona f. Verlobte
festarmaðr m. Verlobter
festarmál n. Verlöbnis
festaváttorð n. Verlobungszeugnis
festing f. Verlöbnis
festingarætlan f. Verlobungsabsicht
festingarstefna f. Verlobungstermin
festr f. Seil, Tau
pl. *festar* Verlöbnis
féviti n. Geldbuße
fim num. fünf
fingrgull n. goldner Fingerring
finna (fann, fundinn) v. finden
firra v. entfernen, berauben
fjárhald n. Vermögensverwaltung
fjárlutr m. Eigentum

fjarri adv. fern
fiorði num. vierte
fjǫrbaugsgarðr m. Landesverweisung
flannfluga f. eine, die sich der Trauung entzieht
(*flanni* = lat. *penis*)
fleiri adj. mehrere
flýja v. flüchten, sich einer Pflicht entziehen
flytja v. flößen, transportieren
folk n. Volk
forboða v. verbieten
forræði n. Bestimmungsrecht (über Verlobung)
forræðismaðr m. Verlobter
forsjá f. Vorsicht, Aufsicht
frá, á frá praep. von weg
fram adv. vor, vorwärts
framhalda v. lenken
frammar adj. weiter, mehr, vortrefflicher
fregna (*frá, freginn*) v. fragen, erfahren
frest n. Zeitraum, Frist
fresta v. aussetzen, verzögern
fretta v. fragen
frjádagr m. Freitag
frjálsborinn adj. freigeboren
frjálsliga adv. unbehindert
frjánótt f. Nacht zum Freitag
friðr m. Frieden
frilla f. Friedel
frillusonr m. Konkubinensohn
frændi m. (pl. *frændr*) Verwandter
frændkona f. weibliche Verwandte
frændsemi f. Verwandtschaft
frændsemistala f. Verwandtschaftsberechnung
fuðflogi m. einer, der sich der Trauung entzieht
(*fuð* = lat. *cunnus*)
fullkoma v. erfüllen, vollbringen
fullkominn adj. vollkommen
fullkomnaðr m. Vollzug
fullmæli n. bindende Übereinkunft
fullnaðr adj. vollständig
fullr adj. voll, völlig
fullrétti n. Vollbuße
fulltíða adj. mündig
fundr m. Zusammenkunft
f. við Z. mit
fylgja v. folgen
fyrir praep. für, wegen, vor, trotz, dafür
f. vilja sinn gegen seinen Willen
fyrir því at weil
fyrir sakir m. gen wegen
fyrir útan außer
fyrirbjóða v. verbieten
fyrirgøra v. verwirken
f. eino etwas verwirken
fyrr adv. früher
fyrr en früher als, bevor
fyrstr adj. erste
føra v. führen, bringen
sik til arfs f. sein Erbrecht beweisen
f. fram unterhalten
førr adj. geeignet, fähig

fǫðurarfr m. Vatererbe
fǫðurfrændi m. Verwandter der Vaterseite
fǫðurgarðr m. Vaterhaus
fǫðurætt Verwandtschaft von der Vaterseite
fǫr f. Fahrt, Fahrtgenossenschaft
fǫstudagr m. Fasttag

gagn n. Vorteil
gagndagr (gangdagr) m. Prozessionstag (Montag, Dienstag, Mittwoch vor Christi Himmelfahrt)
gagnfasta f. vorbereitende Fasten, Vorfasten
gamall adj. alt
ganga (gekk, genginn) v. gehen, vergehen (Zeit)
  g. til skript beichten
  g. í fostu zu fasten beginnen
garðr m. Zaun, Hofstatt, Hof
garðshlið n. Öffnung im Zaun, Türe
gaumr m. Achtsamkeit, Aufmerksamkeit
gefa (gaf, gefinn) v. geben
gerla adv. vollkommen
geta (gat, getinn) v. erlangen, erzeugen
gjalda (galt, goldinn) v. gelten, bezahlen
gjalddagi m. Zahlungstermin
gifta (gipta) v. geben, zur Ehe geben
gipting f. Hochzeit, Trauung Verlobung
giptingarmaðr m. Vormund, Verlober
giptingarváttr m. Eheschließungszeuge
giptingarveð n. Sicherheit für Mitgift
gjǫf f. Gabe
glaðr adj. heiter, zufrieden
gleði f. Freude
glepja v. verführen, weglocken
góðfysi f. Aufrichtigkeit
goði m. Gode
góðr adj. gut
gólf n. Fußboden
grár adj. grau
griðkona f. Dienstbote (weiblich)
griðmaðr m. Dienstbote (männlich)
gripr m. Sache, Wertgegenstand
grønn adj. grün
guð m. Gott
gull n. Gold
gullnesti n. Goldnadel
gulr adj. gelb
gǫngull adj. in Bewegung befindlich
gøra v. bewirken, tun
  g. eindaga Termin bestimmen
  g. útlagan friedlos erklären

hafa v. haben, besitzen
  hefir hat
hagr m. Stellung, Lage, Mittel, Verhältnis
hald n. Halten, Zurückhalten

halda v. halten, festhalten, unterhalten, versorgen
halda upp aufrechterhalten, nützen
h. fram enom eintreten f. jem., loben
halfa f. Hälfte, Teil
af guðs halfum von Gottes wegen
hálflitr adj. zweifarbig
hálfr adj. halb
hálfskarlat n. eine Art Tuch
handarband n. Handschlag
handfesting f. Handgelöbnis
handsal n. Handschlag, Handgelübde
handsalsrof n. Handschlagsbruch
handsalsslit n. Vertragsbruch, Vertragsbruchbuße
handselja v. sich durch Handschlag verpflichten, d. H. versprechen, bekräftigen
hann pron. *(hans, honom, hann)* er
harðr adj. hart, fest, unbeugsam
hátiðligr adj. feierlich
háttr m. Beschaffenheit, Art, Weise
mikils háttar menn angesehene Leute
héðan adv. von hier
héðan af von nun an
hefja (hóf, hafinn) v. haben
h. upp at beginnen mit
heiðr m. Würde
heilagr adj. heilig
helga vika Pfingstwoche
heill adj. heil, fehlerfrei
heilsa v. begrüßen
heim adv. heim, nachhause
heiman adv. von zuhause
heimanferð f. = *heimanfylgja*
heimanfylgja f. Mitgift
heimili n. Heim, Wohnstätte
heimilisbúi m. Nachbar
heimill adj. mit Rechtsgrund, berechtigt, mit Recht zugehörig
heimskr adj. schlecht, schlimm
heimstefna v. heimladen, auffordern, zu einem bestimmten Termin zu Hause zu sein
heimta v. annehmen, entgegennehmen, einfordern
heimting f. Forderung
heit n. Versprechen, Eheversprechen
heita (hét, heitinn) v. heißen
heitkona f. versprochene Frau
heldr (sup. *helzt*) adv. lieber, eher
heldr en mehr als
helga v. heiligen, legitimieren
helmingarfélag n. Hälftengemeinschaft
hennar s. *hon*
henne s. *hon*
herma v. wiedergeben, berichten
hernuminn adj. kriegsgefangen
herr m. Heer
herra m. Herr

hershendr f. pl. Feindeshand
heyra v. hören
hingat adv. hierher
hinn pron. jener. Auch als Artikel vor Adjektiven, z. B. *a þeim XX vetrum hinum fyrstum*
hirða v. aufbewahren
hjá praep. adv. bei, dabei
hjarri m. Türangel
hjáverandi adj. anwesend
hjónalígr adj. ehlich
hjún(hjón) n. Hausgenosse, pl. Ehegatten
hjúskapr m. Ehe
hjúskapsband n. Eheband
hjúskapsmál n. Ehesache
hlaupa (hljóp, hlaupinn) v. laufen
hon (hennar, henne, hana) pron. sie
hórrekkja f. unzüchtige Frau
huggan f. Trost
hugr m. Sinn, Absicht
honom var h. á er hatte die Absicht
hugsa v. aufpassen, bedenken
hundrað n. Hundert
hurð f. Türe
hús n. Haus
húsfreyja (húspreyja) f. Hausfrau
hvar adv. wo
hvardagsklæði n. pl. Werktagskleider
hvárki conj. weder
hvárki-né weder noch
hvárt conj. ob
hvárt sem er-eða ob es ist entweder — oder
hvarvetna adv. überall
hv. þess er so oft als, wenn
hvat pron. int. n. was
hvé wie
hvergi pron. wer auch immer (gen. *hverskis*)
hvergi adv. nirgends, keinesfalls, auf keine Weise
hverr pron. jeder, welcher von mehreren? (auch relativ gebraucht)
hversu, hvessu adv. wie
hvigi adv. wie
hvíla f. Bett
hvítr adj. weiß
hyggja v. denken
h. fyrir enom für einen sorgen
hygginn adj. bedachtsam, fürsorglich, verständig
hætta v. aufs Spiel setzen, riskieren
hætta v. aufhören
hǫrundfall m. Aussatz
hǫfðingi m. Häuptling
hǫnd f. Hand
af hins hende von dessen Seite

í praep. in
ifa v. zweifeln
imbrudagr m. Quatember
innan praep. innerhalb
innanverðr adj. innere
í i. búðinni innen im Zelt
inni adv. drinnen, im Hause

innihǫfn f. Aufnahme im Haus
inning f. Erfüllung
innri adj. innere
innra veginn in der inneren Hälfte des Hofes

já adv. ja
kveða já við zustimmen
jafn adj. gleich
jafnaðr m. Verhältnis, Verhältnismäßigkeit
skipta til jafnaðar með þeim nach Verhältnis unter ihnen teilen
jafnheimill adj. mit gleichem Recht
jafnlengð f. gleichlanger Zeitraum, Jahr
jafnmikill adj. gleich groß, gleich viel
jafnnáinn adj. gleich nah (verwandt)
jafnræði n. passende Heiratspartie
jafnrétti n. Gleichberechtigung
játta v. zusagen
jáyrði n. Jawort
jól n. pl. Weihnachten
jólafasta f. Advent
jónsvaka f. Johannistag, Vigil vor J.
jörð f. Grundstück

kalla v. rufen, nennen, erklären
kaprun n. Kapuze, Gugel
karl m. Mann
karlmaðr = *karl*
kaupa (part. praet. *keyptr*) kaufen
k. inn einkaufen
kaupmál Übereinkunft
kaupskip n. Handelsschiff
kenna v. wissen
kennimaðr m. Lehrer, Priester
kjósa (kýs, kosinn) v. wählen
kirkja f. Kirche
kirkjugarðr m. Kirchhof
kirkjusókn f. Kirchspiel
kjǫtát n. Fleischessen
klaustr m. Kloster
klerkligr adj. geistlich
klyf f. Traglast
klæði n. Kleidungsstück
knérunnr m. Glied
koma (kom, kominn) kommen, befördern
k. til sanna bewahrheiten, beweisen
k. á hendr. zustoßen, eintreffen bei, sich ereignen bei, *koma fram* vorwärts kommen, bezahlt werden, *k. niðr* niederkommen, bis zu dem Punkt kommen
kona f. Frau, Ehefrau
konungr m. König
kostnaðr m. Aufwand, Kosten
kostr n. Wahl, Bedingung
krefja v. verlangen, fordern, auffordern, *k. út* herausfordern
kristinn adj. christlich
kristinn réttr m. Christenrecht (Abschnitt im Gesetz)

kunna v. können
kunnigr adj. bekannt
gera k. bekannt machen
kunnr adj. = *kunnigr*
kurteisi f. Lebensart, Benehmen
kvánfang n. Heirat (vom Mann)
kveða v. *(kvað, kveðinn)* sagen
kveðja (kvaddi, kvaddr) v. herbeirufen, aufrufen, ansprechen, begrüßen
kveld n. Abend
kvennagiftir (kvennagifting) f. pl. Trauung
kver = *hver*
kviðja v. verbieten
kvinna f. = *kona*
kyrr adj. ruhig
kyrtill m. Hemd
kyssa v. küssen

lán n. Leihe
land n. Land
landeign f. Herrschaftsgegebiet, Reich
langafasta f. Fastenzeit vor Ostern
lata (lét, latinn) v. lassen, verlassen
l. varða fjǫrbaugsgarðr e-m erklären, daß sich einer der Landesverweisung aussetze, einen des Landes verweisen lassen
lata illa yfir sich schlecht aussprechen über
laugardagr m. Sonnabend
launfestar f. pl. heimliche Trauung
laungetinn adj. unehelich
launung f. Heimlichkeit
laupr m. Korb
lausabrúðlaupr m. formlose Hochzeit
lauss adj. los, frei, aufgelöst
leggja v. legen
l. félag Gütergemeinschaft begründen
l. undir þegnskap sinn seine Ehre dafür einsetzen
l. fram bezahlen
l. rað á dazu raten
legorðsǫk f. Unzuchtsklage
leiða v. leiten, führen
leiga v. mieten
leika (lék, leikinn) v. spielen
l. á tveim tungum zweifelhaft sein
leita v. suchen, zu erreichen suchen
lengi (comp. *lengr.*) adv. lange
leysa v. lösen
af hendi l. bezahlen, entrichten
leysingi m. Freigelassener
leysingja f. Freigelassene
líða (leið, liðinn) v. vorübergehen, ablaufen (auch unpers. m. Dativ z. B. *liðr dǫgum*)
liðveizla f. Hilfe
lifa v. leben
lika v. behagen

líkamslosti m. Beiwohnung
línfé n. Haubengut, Morgengabe
líta (leit, litinn) v. sehen, ins Auge fassen
svá líz mér á þik so scheinst du mir zu sein
lítask v. refl. scheinen
lítillæti n. Demut
ljá v. *(léða, léðr)* leihen, verleihen
ljásk til sich abgeben mit
ljós m. Licht, Tageslicht
í ljósi offenbar, offenkundig
ljúga (laug, loginn) v. lügen
loði m. Pelz, Filz
lofa v. erlauben
lokka v. locken, verlocken
lúka (lauk, lokinn) v. schließen, beenden, einschließen
lund f. Art, Weise
luta (laut, lotinn) v. losen
lutr m. Los, Lage, Teil
í oðrom lutom auf andere Weise
lyritareiðr m. Eid nach Volksrecht
lysa v. verkünden
lýsing f. Verkündigung
lǫg n. pl. Recht, Rechtsordnung
at lagum rechtmäßig, gesetzmäßig
lǫgberg n. Gesetzesfelsen
lǫgeyrir m. gesetzliche Unze (Sechsellenunze)
lǫgfasta f. gesetzlicher Fasttag
lǫgfastnan f. gesetzmäßige Verlobung
lǫgfélag n. gesetzmäßige Gütergemeinschaft
lǫgfesta v. gesetzmäßig verloben
lǫgfullr adj. rechtmäßig, gesetzmäßig
lǫgheilagr adj. gesetzlich heilig
lǫgligr adj. gesetzmäßig
lǫgmaðr m. Rechtskundiger
lǫgmál n. Gesetzeswort, (gesetzmäßige) Übereinkunft
at lǫgmale gesetzmäßig
lǫgraðandi m. Vormund
lǫgrétta f. gesetzgebender (u. richtender) Ausschuß am isländ. Allthing
lǫgrettafé n. an die logrétta zu zahlendes Geld
lǫgsókn f. Rechtsgang, Prozeß
lǫgvillr adj. im Rechtsirrtum befindlich

má s. *mega*
maðr m. Mann
mágkona f. Schwägerin
mágr m. Verschwägerter
makligleikr m. Gehörigkeit
eptir makligleikum gebührend
mál n. Sprache, Rede, Rechtssache, Angelegenheit, Abrede, Zeitpunkt
vera af mále eine Sache (Prozeß) verlieren
málom halda Abrede einhalten

máldagi m. Vertrag, Übereinkunft
með þeim m. unter den Bedingungen
málseldr m. Auszahlungstermin
mánadagr m. Montag
mánaðadagr m. Monatstag
mánaðarmatarból n. Grundstück, von dem jährlich ein *mánaðarmatr* (bestimmte Menge von Nahrungsmitteln) zu entrichten ist
mánaðarstefna f. Termin über einen Monat
mánaðr m. Monat
mannmergð f. Menge, Zahl der Männer
manndomsmaðr m. tüchtiger Mann
manntal n. Mannzahl
at manntali nach Kopfzahl
margr (mart) adj. viel
með praep. m. dat. mit
meðal, ámeðal praep. adv. zwischen
sin ámeðal unter einander
meðan conj. während
æ meðan solange als
mega (mátta, mátt) v. können
mein n. Fehler, Schaden
meinalauss adj. fehlerfrei (= *meinbugalauss)*
meinbugr m. Fehler pl., Ehehindernisse
meinbugalauss adj. fehlerfrei, gültig
meinkona f. Meinfrau
meiri adj. (sup. *mestr)* mehr
mél n. Zeit, Zeitraum
messunótt f. Nacht vor einem Feiertag
mest s. *meiri*
meta (mat, metinn) v. schützen
mey s. *mær*
miðla v. hälften, zuteilen
miðr adj. in der Mitte befindlich
í mitt þing in der Mitte des Dings
miðvikudagr m. Mittwoch
mikill adj. groß, viel
millum praep. zwischen
þæs í millum inzwischen
minni adj. weniger
miskunn f. Gnade
missa f. Verlust
missa v. verlieren, entbehren
ef faður m. við wenn der Vater stirbt
misseri n. Halbjahr
mit (= vit) pron. wir beide *(okkar, okkr)*
mikjálsmessa f. Michaelstag (29. IX)
mjǫk adv. sehr
mjǫl n. Mehl
móðir f. Mutter
móðurfrændi m. Verwandter der Mutterseite
móðurætt f. Verwandtschaft der Mutterseite
mót, í mot praep. gegen, dagegen, im Vergleich mit

mundarmál n. Vereinbarung über Muntschatz
mundr m. Muntschatz
mungát n. Bier
munr m. Unterschied
munu v. werden
múta f. Bestechungsgeld
mynda v. als Mitgift übereignen
mæla v. sprechen, sagen
mæli til kaupa við þik ich will mit dir ein Geschäft abschließen
mær f. (acc. *mey*) Mädchen, unverheiratete Frau
mǫttull m. Mantel, Umhang

ná v. nahen, erreichen
nafn, namn n. Name
náinn adj. nahe (comp. *nánari*, sup. *nánastr*)
nakkvar pron. ind. irgend einer
nálagr adj. derzeitig, vorhanden
nátt, nótt f. Nacht
nauðigr adj. gezwungen
nauðsyn f. echte Not
nauðsynialaust adv. ohne echte Not
nauðsynligr adj. notwendig
nefgildi n. Nasengeld
nefna v. nennen
nefna á nafn beim Namen nennen
n. vátta Zeugen aufrufen
nei interj. nein
nema (nam, numinn) nehmen
n. frá ausnehmen
nema conj. außer, wenn nicht
nemna v. nennen
neyða v. zwingen
niðr m. Verwandter
níu num. neun
njóta (naut, notit) v. nützen, gebrauchen, Vorteil haben
nú adv. nun, *nu rétt* gerade eben
numinn s. *nema*
nunna f. Nonne
nýr adj. neu
nytsemd f. Nutzen
nær adv. wenn, näher
næstr adj. nächster
et næsta honum ihm zunächst, neben ihm
nǫkkur pron. ind. irgend einer

óðinsdagr m. Mittwoch
óðinsnótt f. Nacht zum Donnerstag
of praep. über, in bezug auf
ok conj. und, auch
ef-ok wenn-so
okkarr pron. unser, unser beider
opinberliga adv. offenbar
opta adv. oft
ór praep. aus
orð n. Wort, Formel
orð gøra Nachricht geben
orðinn s. *verða*
óreigi adj. unvermögend, arm
ó. mundr Muntschatz niedersten Betrages

orfum = *arfum*
oss dat. gen. plur. zu *ek*

þalldyna f. Bankkissen
þallklæði n. Banktuch, Bankteppich
þáskadagr m. Ostertag
þáskar m. pl. Ostern
þáskavika f. Osterwoche
þenningr m. Pfennig
pl. *þenningar* Geld, Vermögen
þína v. strafen
þrestr m. Priester
þrófa v. verhören
þúsa v. einsegnen, kirchlich trauen

ráð n. Rat, Zustimmung, Entscheidung, Beschluß, richtiger Rat, Eheschließung
ráðinn takast das Eheleben beginnt
ráða v. bestimmen, entscheiden
ráða fyrir darüber entscheiden
ráðafar n. Heiratsabrede
ráðafararmaðr m. Verlobter
ráðafé n. Mitgift
ráðagerð f. Beschluß
rakna v. entgleiten
rán n. Raub
rannsaka v. untersuchen
rauðr adj. rot
refla v. untersuchen, nachforschen
refsing f. Strafe
reiða v. bezahlen
reikna v. rechnen, berechnen
rekkja f. Bett
renna (rann, runnin) v. rennen, treiben
r. ráðeno Verlobung auflösen
réttarfar n. Bußanspruch bei Verletzung der Persönlichkeit, Buße in solchen Fällen
réttindi n. Recht, Berechtigung
réttligr adj. rechtgemäß
réttr adj. richtig, rechtgemäß, recht
reyna v. untersuchen, prüfen, beweisen
ríða v. reiten
ríki n. Macht, Machtstellung
ríkr adj. reich
rjúva (rauf, rofinn) v. brechen, zerreißen, auflösen (Vertrag)
rúmheilagr adj. nicht heilig
r. dagr. Werktag

sá (pron. dem.) der, dieser *(þes, þeim, þan-þeir, þeira, þeim, þá)*
salún n. Stoff, Teppich, Decke
saman adv. zusammen
samband n. Verbindung
samfeðra adj. vom gleichen Vater
samfjórðungs adv. innerhalb des gleichen Viertels
samfǫr f. Zusammenleben

samgangr m. Zusammenleben
samlendr adj. einheimisch
sammøðra adj. von der gleichen Mutter
samr adj. derselbe
svá sem þeim kemr á samt so wie sich einigen
samvist f. Zusammenleben
samþykt f. Zustimmung, Beifall
sanna v. bewahrheiten, bestätigen
sannaðarmaðr m. Eidhelfer
sannindi n. Wahrheit, Bekräftigung, Beweis
sannr adj. überführt
sárr adj. verwundet
sáttr adj. einig
saurlífi n. unzüchtiges Leben
scal s. *skolo*
sé s. *vera*
segja v. sagen
s. í sundr auflösen
sekja v. schuldig machen
sekjask sich sch. machen, schuldig werden
sekr adj. schuldig, bußpflichtig (m. dat. des Betrages), friedlos
sekt f. Strafe
sektarlaus adj. straffrei
sektarsǫk f. Friedlosigkeitssache
selja v. übergeben
s. sǫk Führung eines Prozesses übertragen
sęm pron. rel. welcher
sęm conj. wie
semja v. *(samda, samdr)* einig werden
senda v. senden
s. eptir senden nach, holen lassen
senn (í senn) adv. gleichzeitig
sér pron. sich (dat.)
sérliga adv. besonders, jeder für sich
sess m. Sitzplatz
setja (setta, settr) v. setzen
setning f. Festsetzung
sétti num. sechste
síðan adv. seitdem, später
síðar adv. später
siðr m. Sitte, Art
síðr adv. weniger
sifskapr m. Schwägerschaft
sigling f. Fahrt
sik pron. pers. sich (acc.)
silkiskaut n. Kopftuch mit Silber durchwirkt
silfrbelti n. silberbeschlagener Gürtel
sín pron. seiner (dat. *sér*, acc. *sik*)
sinn n. Mal
í annat sinn zum zweiten Mal
sira m. Herr
sitja v. sitzen
sjá v. sehen
sjá pron. dieser, diese *(þessa, þessar, þessom, þesse, þenna, þessa, -þesser, þessar, þessa, þessom, þessa, þessar)*
sjalfr adj. selbst
sjalfsagðr adj. von selbst gesagt, ipso iure

sjófarlopt n. Gebäude über der See
sjónvitand f. Augenschein
sjúkr adj. krank
skap n. Sinnesart, Denkweise
skapker n. Kessel, Mischgefäß
skallyndi n. = *skap*
skapthár adj. schafthoch, so hoch wie der Schaft einer Lanze
skarlatskyrtill m. Scharlachrock
skarlatsmǫtull m. Mantel aus scharlachrotem Tuch
skerða v. herabsetzen, mindern
skeyta v. in den Schoß legen, übertragen
skila v. bestimmen
skilfenginn adj. rechtmäßig erworben
kona sk. echte Ehefrau
skilja v. scheiden, trennen, entscheiden, bestimmen
skiljask sich scheiden
þá skilr á sie sind uneinig
skilja fyrir erklären
skilnaðr m. Trennung, Scheidung
skilorð n. Erklärung, gesetzliche Bestimmung
með hinn fyrra sk. entsprechend der vorausgehenden Bestimmung
skinn n. Fell, Pelz
skip n. Fahrzeug, Schiff
skipa v. zustandebringen, ordnen, verändern
skipan f. Verordnung
skipta v. teilen
skipti n. Teilung, Verteilung, Tausch
skirskota v. verklaren
sk. undir vatta Zeugen aufrufen
skolo v. sollen
(3. pers. praes. sing. *skall*)
skraddari m. Schneider
skylda v. schulden, verpflichtet sein
skyldkona f. weibliche Verwandte
skyldugr adj. schuldig, verpflichtet, verwandt
skynsamr adj. verständig
skǫruligr adj. mannhaft, tüchtig
skǫrungr m. hervorragender Mensch, einer der weiß, was er will
slíkr pron. solcher
smár adj. klein, gering
snúa (snera, snúinn) v. wenden
só = *svá*
sókn f. Kirchspiel
sókn f. Klage, Rechtssache
eiga s. klageberechtigt sein
sóknarmaðr m. Kirchspielsmann
sól f. Sonne
sóttr s. *sǫkja*
spara v. sparen, zurückhalten
spíra f. Becher
staðr m. Stelle
í engum stað oðrum in keinem anderen Falle

í alla staði in jeder Beziehung
standa (stoð, staðinn) v. stehen
standa fyrir verantworten
standa fyrir raðom (kaupi) der Eheschließung (Geschäft) im Wege stehen, die E. verhindern
fyrir eiðr lata st. an Stelle des Eides treten lassen
st. til ómaga für die Unmündigen zu sorgen haben
steðja v. anhalten, hemmen
staddr (part.) anwesend
stefna f. Zusammenhang, Termin
stefna v. laden
st. enom þing (til þings) einen vor Gericht laden
stefnulið n. Begleitung zum Termin
stefnusǫk f. Ladungssache, Prozeß, der mit Ladung beginnen muß
stefnustaðr m. Ladungsort
stemna = *stefna*
sterkliga adv. bindend
stétt f. Würde, Stand
stíga (steig, stiginn) steigen
stoða v. stützen, helfen
stofna v. einrichten
stund f. Zeit, Zeitpunkt
nú um st. soeben
styggliga adv. zornig
stykki n. Stück
sú pron. dem. diese (*þeirar, þeire, þa-þær, þeira, þeim, þær)*
suðr adv. nach Süden
sumar n. Sommer
sundr, í sundr adv. auseinander, aufgelöst
sunnudagr m. Sonntag
sunnunótt f. Nacht zum Sonntag
sunr m. Sohn
svá adv. so, ebenso
svara v. antworten
sveinn m. Knabe, Junge
sverja (sór, svarinn) v. schwören
svívirða v. geringschätzen, verhöhnen
sylgja f. Spange
sýna v. besichtigen
sýnast scheinen
synja v. leugnen, verweigern
systir f. Schwester
systkin n. pl. Geschwister
sæng f. Bett
sæta v. abwarten, entgegensehen
sǫk f. pl. *sakar* Sache, Rechtssache, Grund, Ursache
eiga sǫk klageberechtigt sein
sǫkia v. (part. pr. *sóttr*) suchen, aufsuchen, beklagen
s. eindaga zum Termin erscheinen
s. til verklagen auf
sømd f. Ehre, ehrenvolle Behandlung

taka (tók, tekinn) v. nehmen
taka í hǫnd in die Hände

greifen, in die Hand schlagen
taka við aufnehmen, übernehmen
taka sǫk einen Prozeß als Vertreter übernehmen
tal n. Rede, Gespräch
tala v. sprechen, sagen
talman f. Hinderung, Hindernis
teflingshøgindi n. Kissen mit kariertem Überzug
telja v. *(telda, talinn)* zählen, aufzählen
tengja v. zusammenbinden
tíð f. Zeit
á tíðum zur richtigen Zeit
tíðendi n. Nachricht
tíðr adj. üblich
tigr m. Anzahl von zehn
til praep. adv. bis, bis zu, dazu
tilgǫf f. Zugabe
tilkall n. Forderung, Anspruch
tiltala f. Berechnung
tími m. Zeit, Zeitpunkt
tína v. darstellen, bezeichnen
tíu num. zehn
tíundi num. zehnte
tjá (téða, téðr) v. zeigen, vortragen
tolfti num. zwölfte
tók praet. 3. pers. zu *taka*
tryggva v. treugeloben
tuttughi num. zwanzigste
tveir num. zwei (f. *tvær*, n. *tvau*, gen. *tveggia*, dat. *tveim*)
tvítugr adj. zwanzigjährig
tylftakviðr m. Aussage von 12 Geschworenen
týsdagr m. Dienstag

úauðigr adj. arm
úgiptr adj. unverheiratet
úheilendi n. Krankheit
úheimill adj. ohne Rechtsgrund
úkostr m. Fehler, Mangel
úkunnigr adj. unbekannt
úléttr adj. schwanger
um praep. um, umherum, in bezug auf
úmagi m. Unmündiger, Unterhaltsbedürftiger
umboð n. Vollmacht
umboðsmaðr m. Bevollmächtigter
umfram praep. adv. vorbei, außer, ohne
umræði n. Erwägung, Vorschlag
úmæltr adj. ungesagt, nicht vereinbart
undir praep. adv. unter, darunter
undirstaðning f. Verstehen
unna (unna, unnin) v. lieben
unz conj. bis
upp adv. auf, hinauf
bera u. offenbaren, kundtun
upphaf n. Beginn, Anfang
úrøkja v. vernachlässigen, versäumen
úrøkt kona eine Frau, um die sich die Verwandten nicht kümmern

úsátt f. Nichtzustimmung

segja ú. sína erklären, nicht einverstanden zu sein

úskerðr adj. unverändert

úskiptr adj. ungeteilt

úskyldr adj. nicht verwandt

útan praep. adv. außerhalb, nach außen

fara ú. ausfahren

útanfjórðungsmaðr m. Mann, der außerhalb des Viertels wohnt

útíð f. Unzeit

útlagr adj. friedlos

vald n. Gewalt, Macht

valda (volda, valdit) v. verursachen, bewirken

v. frestunum an der Verzögerung schuld sein

vandask v. schwierig werden

vanr adj. entblößt

ef manz er vant wenn ein Mann fehlt (d. h. der Abstand der Verwandtschaft um einen Grad zu gering ist)

vápnatak n. Waffenberührung, Dingschluß

vara v. aufmerksam machen

vara sik sich in Acht nehmen

vara f. Ware

varða v. verantworten

varða eigi við lǫg nicht strafbar werden

varðar e-m fjǫrbaugsgarð es trägt einem die Landesverweisung ein

varning f. Warenvorrat

varom 1. pers. pl. praet. zu *vera*

várr pron. pers. unser

várþing n. Frühlingsding

vátta v. beweisen

váttr m. Zeuge

vaxa (óx, vaxinn) v. wachsen, sich vermehren

vefjarmǫtull m. gewebtes Überkleid, Tuchmantel

vegna, á vegna praep. von seiten

vegr m. Weg

taka annan veg anders verfahren

vekja (vakta, vakinn) wecken

v. bónorð Werbung vorbringen

vel adj. gut

vél f. Kunst, List

draga v. at e-m jemand betrügen

velborinn adj. wohlgeboren

véllauss adj. betrugsfrei

vér pron. wir

vera (var, verit) sein (praes. ind. *em, est, er-erom, eroþ, ero*; praes. konj. *sía, sér, sé-sém, séþ, sé*)

vera með barne ein Kind tragen

verð n. Preis

verri at verðe geringer im Preis

verða (varð, orðinn) v. werden

verja (varða, varðr) v. wehren

v. lyritte verbieten
versc hann málino wird er von der Klage freigesprochen
verǫld f. Welt
verjandi m. Beklagter
vestr adv. nach Westen
vetr m. Winter
vetrseti m. Überwinterer, einer, der sich im Winter an einer Stelle aufhält
viðr praep. adv. gegen, an, mit, in, in bezug auf, damit, dabei
viðr m. Holz
viðskipti n. Beziehung, freundl. Bez.
viðtaka f. Empfang
vígja v. weihen
vígr adj. fehdewürdig
eiga vígt um Fehderecht haben
vika f. Woche
víkja (veik, vikinn) v. fortbewegen
v. af abweichen
vildr adj. erwünscht, vorzüglich, angesehen
vili m. Wille
vilja v. wollen
viljastr sup. zu *vildr*
vingan f. Freundschaft
vinna (vann, unninn) v. arbeiten, bewirken
vinnask ausreichen
v. eið Eid leisten
vinr m. Freund
víravirki n. Filigranarbeit
virða v. schätzen, werten
virðask scheinen, befunden werden
virðuligr adj. ansehnlich, bedeutend
víss adj. sicher, gewiß
verða víss erfahren
vist f. Aufenthalt
pl. *vistir* Unterhalt, Nahrungsmittel
vit n. Verstand, Einsicht
vita (vissa, vitaðr) v. wissen
viss vitandi in sicherer Kenntnis
vitfirring f. Geisteskrankheit
víti n. Strafe, Buße
vitni n. Zeugnis
vitnisburðr m. Zeugnis
vitnisfastr adj. überführt
vitr adj. verständig
vælindi n. Krankheit
vænta v. erhoffen, erwarten
vætti n. Zeugnis
vǫxtr m. Zuwachs, Frucht

yfirhǫfn f. Überkleidung
yfirlit n. Aussehen

þá adv. dann, da
þaðan adv. davon
þaðan í frá von da ab
þangat adv. dorthin
þar adv. da, dort
þar at eins in diesem einen Fall
þat dieses *(þes, því, þatþar, þeira, þeim, þau)*
þau s. *þat*
þegar adv. sofort
þ. at (sem) sobald als

þegja (þagða, þagat) v. schweigen

þegnskaparlagningareiðr m. Eid über Abgabe einer ehrenwörtlichen Erklärung

þeirra s. *sá*

þeirri s. *sá*

þess s. *sá*

þess at conj. so daß

þetta dieses *(þessa, þesso, þetta-þesse, þessa, þessom, þesse)*

þing n. Ding, Dinggenossenschaft, Sache

þingbrekka f. Dinghügel

þingheyjandi m. Dinggenosse

þingmaðr m. Dingmann

þjóna v. dienen

þó adv. doch

þó at obgleich, wenn auch

þrettándi num. dreizehnte

þ. dagr Dreikönigstag

þriði num. dritte

þriðjungr m. Drittel

þriðjungsauki m. Drittelsmehrung

þrír num. drei

þú du *(þín, þér, þik-þér, yþvar, yþr)*

þurfa (þurfta, þurft) v. bedürfen

þverr adj. quer

því s. *þat*

því at eins nur in dem Falle

því minni um soviel geringer

því at deshalb weil

þvílíkr adj. gleich

þykkja (þótta, þótt) v. scheinen, erachten

þǫrf f. Bedarf

vera til þarfa zu Nutzen kommen

æ adv. immer

æfiligr adj. ewig

æra f. Ehre

ærtog f. Oertug

ætla v. beabsichtigen, halten für

ætlan f. Ansicht, Meinung

ætt f. Geschlecht

ættarmót n. Verwandtschaft

ǫldr n. Bier

til oldrs ok til áts zu Trank und Speise

ǫngvan acc. sing. zu *engi*

ǫll adj. unterhaltswürdig

Inhaltsverzeichnis.

Fortsetzung siehe nächste Seite.

FSC
www.fsc.org
MIX
Papier | Fördert
gute Waldnutzung
FSC® C083411

Kolibri 360 GmbH
Ferdinand-Jühlke-Straße 7
99095 Erfurt, Deutschland
produktsicherheit@kolibri360.de